흑자생활의 법칙

# 흑자 생활의 법칙

버는 돈보다
쓰는 돈이 많은
당신을 위한

박종호 지음

위즈덤하우스

## 추천의 글

**정태인**(새로운 사회를 여는 연구원 원장)

나는 에듀머니의 제윤경 대표를 부러워한다. 거의 '맨땅에 헤딩하기'로 '착한 재무설계사'라는 새로운 분야를 개척한 놀라운 용기와 능력은 존경스럽기까지 하다. 또 하나 부러운 것은 그의 곁에 박종호 본부장이 있다는 사실이다. 나는 아직도 '새로운 사회를 여는 연구원'의 외부 강연을 거의 도맡다시피 하지만 에듀머니의 경우 어느덧 박 본부장이 더 많이 하는 것 같다. 사람을 키우는 것 역시 능력이다.

이 책 전반부는 행동·실험경제학의 향연이다. 노벨 경제학상 수상자인 허버트 사이먼이 인간은 그리 합리적이지 않다는 '제한 합리성'을 내놓은 뒤, 역시 노벨상 수상자인 대니얼 카네먼 등은 인간 행동의 규칙적 비합리성을 찾아내기 시작했다. 이 책에 소개되어 있는 손실회피성향, 정박효과 등이 그것이다. 저자는 그런 연구들을 빠짐없이 섭렵해서 우리의 실생활, 특히 소비에 어떻게 작용하는지를 설득력 있게 추적한다. 아마도 독자들은 "맞아. 내가 바로 이렇지" 하고 무릎을 치며 책을 읽을 것이다.

이 행동·실험경제학의 결과를 가장 많이 활용하는 분야는 바로 마케팅 분야이다. 인간의 심리를 정확히 파악해서 실로 엉뚱한 소비를 촉진하는 것이다. 대형마트, 신용카드, 포인트 적립 등이 바로 그렇다. 여러분은 이들의 치밀한 기획에 빠져들 수밖에 없다. 가히 사기라고 하는 게 옳을 정도다. 저자는 바로 그 행동경제학으로 이들의 수법을 폭로한다. 그리하여 옛날보다 훨씬 더 많이 벌고 훨씬 더 많이 소비하면서도 별로 행복하지 않고 오히려 빚더미에 올라앉게 된 현실을 생생하게 보여준다. 행동경제학은 이런 함정에서 벗어나는 법도 알려준다. 이 책이 제안하는 대로만 행동한다면 머지않아 당신은 미래의 불안에서 벗어나게 될 것이다.

혹시 케인즈의 거시경제학을 아는 사람이라면 이 책을 보고 이런 질문을 떠올릴지 모르겠다. 이렇게 모두 소비를 줄이면 결국 불황을 맞게 되는 것이 아니냐고…. 저자는 명시적으로 이에 대한 대답을 하고 있지는 않지만 소비할 때 이 물건이 정말 필요한지 따져보라는 말 속에 답이 있다. 사람이라면 모두 충족시켜야 할 '필요'가 있다. 예컨대 돈이 없어 치료를 못 받으면 안 되고 굶주림에 허덕이는 사람이 있어서는 안 된다는 사회적 합의가 그러하다. 만일 실업의 문제 또는 어떤 장애 문제 때문에 그런 사람이 있다면 국가나 지역공동체가 이 문제를 해결해야 할 것이다. 이렇게 필요를 사회적 권리로 바꾸는 것이 복지다. 우리의 소비가 줄어든 만큼을 복지로 메우면 우리 모두 행복해지고 경제성장률은 떨어지지 않는다.

그럼 복지에 쓸 그 돈은 어디서 나올까? 경제학자 로버트 프랭크라면 소비세를 물리면 된다고 대답할 것이다. 특히 이 책에서 누누이 지적하는 소비 경쟁에 세금을 매겨야 한다. "상대적 지위 경쟁", 예컨대 명품 경쟁은 끝이 없으며 모두를 불행하게 만든다. 이런 지위 경쟁은 한 종을 멸망에 이르게도 하는데 불행하게도 우리의 지구 역시 그 지경에 이르렀다. 저자가 역설하는 합리적 소비를 정부가 세금으로 도울 수 있는 것이다. 이렇게 소비를 줄이는 것은 현재의 생태 문제 해결에도 필수적이다.

저자도 지적했듯이 한국 사람은 남을 많이 의식한다. 행동경제학을 응용한 마케팅이 제대로 먹힐 토양을 가지고 있는 것이다. 이런 타인 의식은 허세를 부리는 소비 경쟁으로 이어질 수도 있지만 모두를 위한 협동의 행위로 나아갈 수도 있다. 이제 경쟁에서 벗어나 협동으로 가야 한다. 개인적으로 미래의 불안을 떨쳐버리는 동시에, 자살을 부추기는 우리 사회 전체의 불안도 없앨 수 있다. 이 책은 그 길로 가는 개인의 전략을 보여주고 있다. 사회 전체의 전략을 알고 싶다면 '협동의 경제학'을 같이 읽으면 된다. 나도 행동경제학을 이용해서 '끼워 팔기' 전략을 써봤다.

## 저자의 말

과거에는 어디 가서 돈 이야기를 꺼내는 게 불편한 일로 여겨졌다. 돈 문제는 가정에서 조용히 해결해야 하는 과제였을 뿐 다른 사람에게 상담을 받거나 강의를 듣고 책을 보면서 공부해야 하는 일이라는 생각 자체가 없었다. 하지만 2000년대를 지나면서 분위기가 완전히 달라졌다. 서점에서는 돈과 관련된 책들이 베스트셀러에 진입하고 이곳저곳에서 상담이나 강의가 넘쳐난다.

그렇게 여러 경로를 통해 '돈이 돈을 번다'는 얘기를 접하고 많은 사람이 정말 열심히 재테크 공부를 했다. 하지만 그렇게 해서 부자가 된 사람은 찾아보기 어렵다. 부자가 되기는커녕 우리나라 가계부채가 1,000조 원을 넘어섰다는 통계로 알 수 있듯이 더 많은 사람이 빚쟁이가 되었을 뿐이다. 월급 통장은 여전히 비어 있고 오히려 빚만 계속 늘어간다.

2005년 내가 한 보험사에서 재무상담이라는 업무를 시작할 때도 사회 분위기는 지금과 크게 다르지 않았다. 당시는 금융환경이 날로 복잡해지면서 금융회사들 간의 경계가 한창 무너지던 때이기도 했다. 그에 따라 과거에는 한 금융회사에서 한 가지 금융상품만 판매했는데 보험사를 통해서도 종합 재무설계를 제공할 수 있을 거란 이야기에 그 회사를 택한 것이다.

보람 있는 일, 가치 있는 일을 하고자 선택한 일이었는데 어찌 된 영문인지 하면 할수록 더 큰 난관에 부딪혔다. 우선은 회사의 문제가 컸다. 재무상담이라는 일을 하기 위해 들어간 회사이건만 상담을 얼마나 했느냐는 관심 밖이고 오로지 금융상품을 얼마나 판매했느냐만 평가 대상으로 봤다. 회사를 옮겨볼까 했지만 그것은 해결책이 될 수 없다는 걸 깨달았다. 보험회사뿐만 아니라 은행이나 증권사에서도 상품을 잘 팔아야 인정받는다는 점에서 똑같은 상황이었기 때문이다.

그 과정에서 나는 한 가지 결론을 얻었다. 제대로 된 재무상담을 하려면 금융상품 판매에 얽매이지 않아야 한다는 것이었다. 상품 판매가 상담사의 주 수입원이 된다면 객관적인 재무상담은 어려울 수밖에 없지 않은가. 그런 결론으로 상품 판매가 아니라 상담 내용에 집중할 수 있는 환경을 찾아 여러 회사를 알아봤지만 순수하게 재무상담을 할 수 있는 곳은 없었다. 그러다가 최종적으로 발견한 곳이 현재 몸담고 있는 회사다. 이곳은 사회적기업이기에 금융상품 판매와 무관하게 경제교육과 재무상담을 할 수 있다. 오랫동안 꿈꿔왔던 방식으로 상담을 진행하면서 나 스스로도 돈을 바라보는 관점이 많이 바뀌었고 상담 내용도 훨씬 알차졌다.

재무설계에는 인생의 5대 자금이라는 것이 있다. 생활자금, 주택자금, 노후자금, 자녀 교육과 결혼자금, 비상자금이 그것이다. 좀 더 구체적으로 얘기하면 가장이 없을 때도 가족이 생활할 수 있도록 사망보험금으로 몇억씩 준비하고, 평당 1천만 원이 넘는 몇십 평대 집을 장만하고, 최소 수억 원에 달하는 노후자금과 연간 1천만 원이 넘는 대학등록금을 준비하면서 가정의 비상자금으로 3~6개월 치 생활비를 마련해야 한다는 것이다. 그런데 상담을 하면서 나는 나를 포함하여 현시대를 살아가는 대부분의 사람이 이 5대 자금을 마련할 수 없다는 것을 알게 되었다. 한꺼번에 준비할 수 없으니 조금씩이라도 모으기 위해 일단은 시작해야 한다고 말하지만, 이 역시 공허한 외침에 지나지 않는다.

'그렇다면 그 5대 자금이라는 전제 자체가 잘못된 것은 아닐까? 대부분 사람이 어떻게도 해볼 수 없는 수준을 정해놓고, 거기에 미치지 못한다고 해서 상대적 박탈감이나 조급함을 안고 살아가야 한다면 이것을 올바르다고 할 수 있을까?'

나는 상담의 내용이나 방향에 대해 근본적으로 되짚어보기 시작했다. 미래에 엄청나게 많은 돈이 필요하다는 이야기는 적극적으로 미래를 준비하도록 하기보다는 오히려 미래를 암울하다고 느끼게 한다. 미래에 대한 생각이 부정적이니 오늘의 삶도 행복할 수가 없다. 언젠가부터 사람들은 월급날이 되어도 즐겁지가 않다. 월급이 들어옴과 동시에 고스란히 빠져나가는 것을 보면서 괴로워하는 실정이다. 돈관리가 제대로 되지 않기 때문이다. 5대 자금을 계획하기 전에 마이너스통장, 대출금, 카드빚 등으로 구멍 난 통장을 메워 흑자 생활로 돌리는 것이 급선무다. 일단 쓴 다음, 벌어서, 갚는 방식이 아니라 벌고, 모으고, 쓰는 방식으로 돌아가자는 것이다.

이 책은 독자들을 결코 부자로 만들어주지 않는다. 대신 우리가 지난 10여 년간 당연시해왔던 것들이 실제로 그러한가에 대해서도 같이 고민해보고자 한다. 분명한 것은 굳이 부자가 되지 않더라도 돈 걱정에서 벗어날 방법이 있다는 것이다. 실제로 부자가 아닌 많은 사람들이 돈에서 자유롭고 행복하게 살고 있다. 오히려 부자라고 불리는 사람들이 돈 걱정을 더 많이 한다. 이젠 부에 대한, 재무관리에 대한 생각을 바꿔야 한다.

이 책의 내용은 재무상담사와 경제교육 강사로 활동하면서 그동안 써왔던 글과 강의 내용을 모아 재구성한 것이다. 그렇기에 개인의 콘텐츠라기보다는 사실상 에듀머니 직원들의 공동 콘텐츠다. 이 책이 나올 수 있도록 배려해준 에듀머니의 제윤경 대표와 김미선 본부장을 비롯하여 함께한 에듀머니 직원들에게 감사의 말을 전한다.

# 차례

### 01
## 흑자생활로 가는 소비

| | |
|---|---|
| 무조건 아끼는 것보다 잘 사는 것이 중요하다 | 015 |
| 남을 위해 소비하지 마라 | 023 |
| 편리함의 불편함을 간과하지 마라 | 028 |
| 후불제 전략의 함정에 빠지지 마라 | 033 |
| 손실회피성향에 속지 마라 | 039 |
| 생활 속 작은 소비를 조심해야 한다 | 045 |
| 현상유지편향이 불필요한 지출을 부른다 | 057 |

### 02
## 흑자생활로 가는 신용카드

| | |
|---|---|
| 마음속 회계장부는 많은 오류를 범한다 | 065 |
| 쓰고, 벌고, 갚기에서 벌고, 모으고, 쓰기로 바꿔라 | 069 |
| 카드를 쥔 나는 합리적이지 않다 | 072 |
| 안 쓰면 손해가 아니라 안 쓰면 이득이다 | 077 |
| 신용카드의 선포인트제도는 빚의 다른 이름이다 | 082 |
| 카드 결제일이 없는 월급날을 상상해보라 | 088 |

### 03
## 흑자생활로 가는 저축

| | |
|---|---|
| 저축은 모으는 것이 아닌 모아서 쓰는 것이다 | 095 |
| 현금흐름을 방해하지 않도록 단기 재무목표를 찾아라 | 099 |
| 금리가 낮아도 예·적금은 기본이다 | 105 |
| 어렵게 번 돈 푼돈으로 쓰지 마라 | 111 |

## 04 흑자생활로 가는 보험

| | |
|---|---|
| 노후자금 10억이란 말은 교묘한 숫자놀음일 뿐이다 | 117 |
| 저축 들러 갔다가 보험 들고 오는 사람들 | 129 |
| 미래가 불안해서 못 줄이고 돈이 아까워서 못 줄인다 | 137 |
| 좋은 상품이 아닌 필요 여부를 따져라 | 145 |
| 노후가 불안할수록 사회보험은 필수다 | 154 |

## 05 흑자생활로 가는 투자

| | |
|---|---|
| 동조 현상을 경계하라 | 167 |
| 저축의 자리를 투자로 대체해서는 안 된다 | 176 |
| 전문가들의 입을 의심하고 경계하라 | 179 |
| 불행해지고 싶다면 남과 비교하라 | 185 |
| 투자가 아닌 소비가 된 내 집 마련의 꿈 | 189 |
| 부동산 활성화가 아닌 주거복지 정책이 필요하다 | 196 |
| 삶의 어떤 순간에도 억 단위 돈은 필요치 않다 | 203 |

## 06 흑자생활로 가는 돈관리

| | |
|---|---|
| 내가 얼마를 벌고 쓰는지 모르기 때문에 불안한 것이다 | 209 |
| 지출을 통제해주는 통장 시스템을 구축하라 | 214 |
| 가계부만 써도 돈 걱정이 줄어든다 | 220 |
| 가계 현금흐름표를 통해 지출계획을 세워라 | 230 |

# 흑자생활로 가는 소비

무조건 아끼는 것보다 잘 사는 것이 중요하다
남을 위해 소비하지 마라
편리함의 불편함을 간과하지 마라
후불제 전략의 함정에 빠지지 마라
손실회피성향에 속지 마라
생활 속 작은 소비를 조심해야 한다
현상유지편향이 불필요한 지출을 부른다

# 무조건 아끼는 것보다
# 잘 사는 것이 중요하다

경제성장률은 점점 낮아지는데 물가는 해마다 오르기만 한다. 금융위기 여파로 국내외 경제 상황이 밝아질 기미가 없다 보니 기업들은 어떻게든 돈 나갈 구멍을 막으려고 한다. 상당수 직장에서 인센티브 같은 단어는 세월 좋던 그 옛날의 추억 속에나 남아 있다. 그 여파는 당연히 가계에까지 미친다. 대부분 가정에서 실질 소득이 줄었고, 지출 대비 수입이 적은 상태가 지속되고 있다. 갈수록 적자가 누적되는 것이다. 소비 천국이라고 하는 미국에서조차 '잔치는 끝났다'며 소비가 급감하고 있다. 이 위기에서 살아남으려면, 우리 자신의 돈 쓰는 모습을 돌아봐야 할 때다.

## 우리 소비의 민얼굴, 냉장고

소비를 어떻게 하고 있는지를 한눈에 알려면 먼저 집 안의 냉장고를 열어보면 된다. 냉장고가 소형이든 대형이든 우선 빈틈없이 채워져 있을 것이다. 뭘 찾으려도 찾을 수가 없을 지경이다. 그러다 보니 안쪽에서부터 유통기한 지난 음식들이 쌓여간다. 냉동실 역시 언제 넣어두었는지 기억도 안 나는 생선과 고기, 떡 등이 만년설 버금가게 꽁꽁 언 채 자리를 차지하고 있을 것이다.

냉장고뿐이랴. 집 안 어디를 봐도 비슷한 풍경일 것이다. 수납박스나 서랍 등 집 안 곳곳에는 몇 년째 꺼내본 적조차 없는 물건들이 가득하다. 10만 원어치 이상 사면 반찬통 세트를 준다 해서 모아둔 반찬통만 싱크대 하나를 가득 채운다. 가족의 옷가지와 아이들 장난감을 정리한다는 명목으로 방 하나가 통째로 수납공간이 되어버리기도 한다.

그럼에도 주말이면 당연하다는 듯이 대형마트에 가서 카트 한가득 채워 장을 봐 온다. 집에 돌아와서는 그것들을 냉장고에 열심히 집어 넣고 장 보느라 피곤했다는 핑계로 외식을 한다. 길거리를 지나다가 예뻐 보여서 산 물건이 정작 집에 와서 보니 별 쓸모가 없구나 싶을 때도 많다. 돈 주고 샀는데 버리기는 아깝고 해서 일단 서랍 속에 넣어둔다. 세일한다는 소리에 당장은 필요치 않지만 언젠간 써먹겠지 싶어 산 물건도 수두룩하다. 조금만 지나면 그것들을 샀다는 사실조차 잊어버릴 테니 써먹을 일은 아마 두고두고 없을 것이다.

## 소비를 하는 사람, 소비를 당하는 사람

더욱이 한국은 무엇이든 한번 유행을 타면 순식간에 퍼져 나가는 나라다. 일례로 스마트폰을 보자. 다른 선진국들보다 출시가 늦었음에도 보급률이 불과 3년 만에 60퍼센트를 넘겼다. 국민 열 명 중 여섯 명이 스마트폰을 가지고 있다는 얘기다. 일반 핸드폰에 비해 스마트폰이 혁신적인 기능을 탑재하고 있는 것은 사실이다. 그런데 문제는 그 혁신적인 기능들이 본인에게 정말 필요한지 따져보고 구입하는 사람은 드물다는 것이다. 주변에서 너도나도 스마트폰을 사용하니까 당연하다는 듯이 선택한다. 더욱이 일반 핸드폰을 들고 다니는 사람을 보면 빨리 스마트폰으로 바꾸라며 주변에서 눈치를 주기도 한다. TV, 라디오, 인터넷, 길거리 등의 광고도 온통 스마트폰뿐이다. 그러니 일반 핸드폰을 쓰고 있는 사람은 제품을 사용하는 데 크게 불편한 점이 없는데도 이번 약정이 끝나면 스마트폰으로 바꿔야겠다고 마음먹는다.

이러한 사정은 스마트폰에만 해당하는 것이 아니다. 아이들 학원을 선택하거나 자동차를 바꾸거나 헬스장에 등록하거나 심지어는 집을 살 때도 옆집, 앞집이 어떻게 하고 있는지에 큰 영향을 받는다.

그 말에 전적으로 동의할 수 없다면, 당장 주방으로 달려가 둘러보자. 남들 따라 하기 또는 남들에게 뒤처지지 않겠다는 생각이 어느 정도인지를 대번에 알 수 있다. 우선은 가전제품이 엄청나게 늘었을 것이다. 식기세척기, 정수기, 오븐, 전자레인지, 토스터, 살균·소독기, 믹서기, 각종 제조기 등이 주방을 꽉 채우고 있지는 않은가? 이 중 상당수는 잘 사용하지 않는 물건들이다. 하지만 남들도 다 갖추고 있고 필요하다는 사람도 있어서 그 말에 솔깃해 들여놓았을 뿐이다. 내가 정말 필요해서가 아니라 연예인이 쓰는 거라니까 사고, 옆집 엄마의 정말 좋다더라는 말에 사는 식이다. 한마디로 소비를 하기보다 소비를 당하는 셈이다.

그렇게 살다 보면 갖고 싶은 것, 사고 싶은 것은 점점 늘어만 간다. 써야 할 돈이 많으니 그만큼 돈을 많이 벌어야 한다. 그래서 소득을 중심으로 직업을 찾기 십상이고, 그러다 보니 적성이나 하고 싶은 일은 뒷전이 될 수밖에 없다.

## 벌어도 벌어도 늘 쪼들리는 이유

그런데 돈 많이 버는 사람이 돼서 사고 싶은 것을 잔뜩 산다 해도 그다지 행복해 보이지가 않는다. 유행이란 금세 바뀌기 마련이므로 이미 구입해놓은 것은 시대에 뒤처진 것이 되어 자꾸 새로운 것을 사야만 한다. 디지털기기 역시 하루가 멀다고 쏟아지는 신제품들 탓에 얼마 안 가 구닥다리가 되고 만다. 아마 지금도 대부분 가정의 서랍 한구석에는 작동은 잘 되지만 쓰지 않는 기기들이 서너 개쯤은 있을 것이다. 그것들은 처음 구입할 때 잠깐 만족을 줬을지 모르겠으나, 지금은 그저 자리만 차지하는 짐일 뿐이다. 하나하나를 보면 좋은 물건들인데 그것들이 오히려 우리를 불행하게 만든다. 결국 우리는 잡동사니를 모시고 살려고 커다란 냉장고와 큰 집을 소유해야만 한다. 다시 말해 잡동사니들 때문에 집이 좁다고, 버는 돈이 너무 적다고 현실을 비관하는 것이다.

지금은 우리가 소비하는 것들을 점검해야 할 때다. 간결하고 단순한 라이프스타일이야말로 삶을 풍요롭게 하는 첫걸음이다. 당장 필요하지 않은 것, 내가 꼭 갖고 싶은 것이 아닌 곳에 돈을 쓰는 것은 알고 보면 큰돈이 새나가는 것이다. 단순히 물건을 살 때의 돈뿐 아니라 보관과 유지를 위해 관리비용, 전기요금, 난방비 등을 계속 들여야 하기 때문이다. 더 나아가 공간비용까지 생각한다면 결코 적지 않은 돈이다. 또 한편으로는, 집 안 구석구석 물건들이 가득 차 있으니 집안일도 힘들어지고 치우기도 번거로워진다. 이는 돈 낭비를 넘어 우리의 귀한 시간과 에너지도 소모하게 하는 것이다.

이런 일이 반복되기에 돈은 늘 부족하고 현실은 늘 가난하다. 어느덧 카드명세표의 할부대금이 고정지출이 되고 마이너스통장이 일상적인 통장이 되어버렸다. 이런 생활을 지속한 결과, IMF 직후인 1998년 23퍼센트이던 저축률이 2011년에는 2.8퍼센트까지 떨어졌다. 그동안 국민총소득은 1만 달러에서 2만 달러까지 두 배 가까이 올랐지만 저축은 10분의 1로 줄어든 것이다.

## 기업의 마케팅은 소비 욕구를 왜곡하고 유도한다

사람은 생각보다 자주 비합리적인 소비를 한다. 가장 큰 이유는 소비의사결정 능력이 떨어지기 때문이다. 소비를 합리적으로 하려면 소비 과정에서 그만큼 신중한 의사결정 능력을 발휘해야 한다. 필요와 욕구에 대한 자기 성찰이 필요하고, 최종적으로 구매를 결정하기 전에는 기회비용을 고려해야 한다.

그러나 우리는 신중하고 불편한 소비를 구질구질하다고 여기고, 편리하면 행복한 것이라고 믿는다. 기업의 마케팅과 광고 등으로 소비자의 욕구가 왜곡되고 유도될 수 있다는 점을 전혀 염두에 두지 않는다. 마케팅과 광고는 소비자가 필요와 불필요를 구분하기 어려울 정도로 대단한 마술을 부리고 있는데도 말이다.

예를 하나 들어보자. 마트에 갔는데 수박을 판매하고 있다. 가격을 보니 한 통은 1만 원이고 반 통은 7,000원이다. 어떤 수박을 살까? 이때 대부분의 사람은 한 통을 선택한다. 왜냐면 7,000원짜리 반 통을 두 개 사면 14,000원이니 아무리 봐도 한 통에 1만 원짜리가 싸기 때문이다. 이때 소비자는 수박을 먹고 싶다는 욕구가 없어도 수박에 대한 구매 욕구가 충동적으로 일어난다. 상대적으로 저렴한 제품에 심리적으로 자극을 받기 때문이다. 이 마케팅 방법에서 수박 반 통은 소비자의 지갑을 여는 훌륭한 미끼상품의 역할을 한다.

그렇지만 이처럼 조작된 욕구를 충족하는 것은 행복과는 거리가 멀다. 소비자는 싸기에, 필요할 것 같아서, 지금 아니면 못 살 것 같아서 등과 같은 나약한 심리로 상품을 집어 들고는 처치곤란 상황에 빠진다. 만약 가족이 많지 않아서 한 통은커녕 반 통도 다 못 먹는 가정이라면, 한 통짜리를 구매한 순간 오히려 3,000원을 더 쓴 것이다.

3,000원만 더 쓴 것이 아니다. 보관하느라 전기요금 더 나오고, 먹다 먹다 지쳐 결국엔 버릴 경우 음식물 쓰레기봉투값도 더 나오게 된다. 최초 의사결정이 잘못됨으로써 크든 작든, 보이지 않는 비용까지 계속 발생하는 것이다.

이러한 소비의 함정에 빠지지 않기 위해서 가장 먼저 해야 할 일은 소비자 스스로가 자신이 합리적이지 못하다는 점을 자각하는 것이다. 똑똑한 소비를 할 수 있다는 자신감을 버리고 최대한 불편한 소비를 해야 한다. 더 나아가 기업의 지나친 마케팅과 광고 등에 규제가 필요함을 깨달아야 한다. 소비자의 비합리적 의사결정에 비해 기업들은 지나치게 똑똑하다. 그간 학교에서 배운, 시장이 보이지 않는 손에 의해 균형을 찾는다는 논리가 우리를 합리적인 소비자라고 착각하게 만든 것은 아닐까.

## 싸게 사는 것보다 필요한 것을 사는 게 중요하다

경제가 어려워지면서 소비를 줄이는 가정이 많아지고 있다. 하지만 어려운 현실 탓만 하면서 어쩔 수 없이 절약하는 것이 아니라 절약과 소비에 대한 사고를 전환해야 한다. 경제가 어려우니 어쩔 수 없다는 마음으로 돈 쓰기를 포기하는 것은 해법이 아니다. 그런 사람은 무리한 다이어트를 하다가 폭식하는 것처럼, 어느 순간 보상심리가 일어나 그간 미뤄온 지출을 충동적으로 일시에 저지를 수도 있다.

주변을 따라가는 소비를 하다 보면 끝없이 돈을 쓰면서도 만족도는 낮아질 수밖에 없다. 따라서 소비에 대한 의사결정 능력을 키우는 것이 중요하다. 경제 문제에서 가장 기본은 한정된 자원을 잘 배분해서 최대의 효용을 이끌어내는 것이다. 돈도 마찬가지다. 돈을 아무리 많이 번다 하더라도 무한정 솟아나는 것은 아니다. 한정되어 있기에 같은 돈을 쓰더라도 효과적으로 분배해서 만족도를 높이는 것이 중요하다. 즉, 무조건 아껴 쓰는 것이 아니라 잘 쓰는 것이 중요하다.

명품을 사고 사치성 물건을 사지 않는다 하더라도 잡동사니 소비가 지속되고 소득과 균형을 이루지 못하는 지출이 계속된다면 자녀의 대학등록금을 마련하는 데 상당히 애를 먹을 것이다. 지금 버는 돈은 지금 다 써버려도 되는 돈이 아니다. 미래에 매우 중요하게 써야 할 돈을 지금 푼돈으로 하찮은 곳에 쓰고 있지는 않은지 생각해봐야 한다.

소비에 대한 생각을 바꿔야 하듯이 절약에 대한 사고 전환도 필요하다. 절약은 소비를 포기하는 것이 아니라 지연하는 것이다. 즉, 지연한 만큼 모아서 나중에 더 크게 잘 쓰기 위한 것이다. 불필요한 잡동사니 소비를 버리고 미래에 더 폼 나게 소비할 수 있도록 미래 지향적인 소비 지연이 필요하다. 돈은 분명 쓰기 위한 것이지만 많이 쓰는 것보다 잘 쓰는 것이 중요하다.

# 남을 위해
# 소비하지 마라

　많은 이들이 아침만 되면 어떤 옷을 입고 출근해야 할지 고민한다고 한다.
　'이 셔츠는 엊그제 입었는데?', '이건 유행이 지났어.', '이건 너무 캐주얼하지 않나?', '이 옷은 지난주 월요일에도 입었는데?'…. 이런 식으로 하나하나 제외하다 보면 옷장에 옷은 넘쳐나는데 입을 옷은 하나도 없다. 결국 아무거나 꺼내 입고 집을 나서지만 계속 같은 옷만 입는 것 같아서 기분이 영 찜찜하다. '다른 옷을 입을 걸 그랬나?' 하는 생각이 끊이지 않는다. 이대로 출근하면 동료들이 옷차림에 신경 좀 쓰라고 흉을 볼 것 같다. 그래서 새 옷을 사보지만, 몇 번 입다 보면 또다시 입을 옷이 없다는 생각으로 고민에 빠지기는 마찬가지다.
　이러한 생각은 '조명효과'라는 심리 현상에서 기인한다. 늘 남의 시선을 의식하면서 살다 보니 유행이나 사회 분위기에 맞추기 위해 애를 쓰는 것이다.

## 누구를 위해 돈을 쓰는가

'다른 사람에게 비치는 나'를 위해 내가 좋아하는 것보다 다른 사람들이 좋아할 만한 것에 주로 돈을 쓰는 이들이 있다. 그러나 이러한 소비는 당연히 만족도가 떨어진다. 내가 좋아하는 것을 구입했다면 물건에 대한 애착이 생기겠지만, 내 욕구보다는 사회적인 요구에 따라 구입한 까닭에 애정이 잘 생기지 않는다. 자연히 조금 지난 물건들은 하나하나가 짐으로 보이게 된다. 실컷 돈 갖다 바치고 오히려 스트레스만 늘린 셈이다.

특히 소비를 통해 자신을 확인받으려는 심리에 가장 큰 영향을 미치는 것은 대중매체다. TV에 출연한 연예인들이 입은 옷이나 착용한 액세서리들은 순식간에 유행이란 이름으로 번져간다. 이러한 유행에 따라 소비를 하는 한 결국 자신의 정체성은 소비에 종속될 수밖에 없다. 다른 사람에게 잘 보여야 한다는 욕망은 나 자신을 집단의 다른 이들과 구별하고 그들의 동경을 불러일으키려는 심리가 작용한 것이다. 그런데 이러한 구별은 나 자신에 대한 본질을 보지 않고 다른 사람들에게 어떻게 보이고 어떻게 받아들여지는가에서 온다.

다른 사람의 동경을 목표로 하는 사람은 결과적으로 나의 욕구가 아닌 다른 사람의 욕구에 맞춰서 살게 된다. 이런 상황에서는 나 자신의 정체성도 다른 사람에게 종속되기 쉽다. 다른 사람에게 보여주기 위한 정체성은 결국 다른 사람이 원하는 유형의 사람이 되어야 함을 의미한다. 그런데 그 유형은 유행에 따라 계속 변하기 마련이므로, 다른 사람에게 비치는 모습을 위해 끝없이 소비를 반복해야 한다. 이에 따라 지출은 끝없이 늘어나고 정체성은 사라지는 악순환이 이어진다.

새 옷이나 액세서리를 살 때도 자신의 선호보다는 남들이 나를 어떻게 바라볼지가 기준이 된다. 내가 보기에 예쁘고 좋은 것이 아니라 요즘 유행한다는 물건에 먼저 손이 간다. 구형 핸드폰을 들고 다니면 시대에 뒤처지는 사람 취급당할 것 같고, 유명 브랜드의 옷을 입지 않으면 누가 내 옷을 유심히 볼까 봐 겁을 내기도 한다. 반대로 최신 유행 상품과 명품으로 한껏 치장하면 왠지 자신감이 생겨 외출해도 오랫동안 돌아다니고 싶어진다.

이렇게 소비를 하다 보면 어느덧 최신형 제품을 사는 얼리어답터가 되고 유행을 선도하는 신상녀가 된다. 시대에 뒤처지는 사람이 되기 싫고, 없어 보이는 사람이 되지 않기 위해서 기꺼이 돈을 쓴다. 돈을 아끼려고 할인카드를 뒤적이거나 쿠폰을 챙겨서 다니면 혹시나 짠돌이로 비치지 않을까 하는 생각도 한다. 직장인 중에는 현금으로 결제하면 신용불량자로 오해할까 봐 다른 사람들 앞에서만큼은 꼭 신용카드로 결제한다는 사람도 있다고 한다. 꼼꼼하게 가계부를 적는 모습을 보이면 궁상맞아 보일까 봐 늘 여유 있는 척하며 허세를 부리기도 한다. 그렇지만 나 자신의 욕구와 다른 모습으로 살아야 하기에 마음 한구석이 늘 찜찜하고 불편하다.

## 모두 자신에게 가장 관심을 둘 뿐

남을 지나치게 의식하는 사람들에겐 안타까운 소식이지만, 대부분 사람이 다른 사람에겐 별로 관심을 기울이지 않는다고 한다. 코넬 대학교 토머스 길로비치 교수가 실험을 통해 밝힌 내용이다.

그는 한 학생에게 눈에 띄는 그림이 인쇄된 티셔츠를 입혀 강의장으로 들여보냈다. 강의가 끝난 후 같이 수강한 학생들에게 그 학생이 어떤 셔츠를 입었는지, 셔츠의 그림이 무엇이었는지를 물어보았다. 무늬가 눈에 잘 띄는데다가 누구나 알고 있는 사람의 얼굴이 인쇄되어 있었음에도 대부분 학생은 기억해내지 못했다고 한다. 반면 티셔츠를 입고 들어간 학생 본인은 적어도 절반 정도는 티셔츠를 기억할 것으로 답변했다고 한다.

이 실험 결과로 알 수 있듯이 다른 사람들이 나를 보고 있다고 생각하고 행동하는 이들이 많지만, 나 자신을 보고 있는 것은 나 자신뿐이다. 왜냐하면 다른 사람들 입장에서도 조명이 자신에게 쏟아진다고 생각하기에 자신이 주인공이고 다른 사람은 그냥 엑스트라일 뿐이기 때문이다. 그래서 자기 자신에게 신경 쓰느라 남이 무엇을 입었는지 신경 쓸 겨를이 없는 것이다.

조명이 나에게만 집중되고 내가 세상의 주인공인 것처럼 자신감을 갖고 사는 게 꼭 나쁘다고는 말할 수 없을 것이다. 하지만 그런 관점으로 소비를 해서는 만족감을 얻을 수 없다는 것만은 분명하다.

### 조명효과 spotlight effect

연극무대에 선 주인공의 머리 위에는 늘 스포트라이트가 쏟아진다. 그 조명은 주인공이 움직일 때마다 따라다녀 관객이 주인공에게 주목할 수 있게 해준다. 이처럼 자신이 다른 사람들의 시선을 받고 있다고 생각하고 행동하는 것을 조명효과라고 한다.

# 편리함의 불편함을
# 간과하지 마라

최근 선진 시장을 중심으로 대량생산, 과잉 마케팅에 스트레스를 느끼는 소비자들이 늘고 있다. 금융위기가 세계적으로 확산되면서 경기가 크게 위축된 것도 사람들이 소비에 관해 성찰하는 데 한몫을 했다. 이러한 자기 성찰은 소셜미디어 붐을 타고 일부 활동가들의 울타리를 넘어 일반 소비자들에게도 번지고 있다. 일명 '안티소비anti-consumption' 운동이 그것이다.

안티소비 운동에는 개인적 취향에 따라 특정 제품이나 브랜드의 소비를 거부하는 방식이 있다. 그리고 계몽과 고발을 위해 불매 운동을 벌이거나 소비를 완전히 거부하는 운동까지 다양한 방식으로 이뤄진다. 이러한 움직임이 널리 확산된 것은 사회적 가치라는 대의명분에 의해서가 아니다. 오히려 사람들은 개인적인 삶의 만족을 추구하기 위해 소비거부 운동이 필요하다는 사실에 공감하고 있다. 물질적 소비보다 정신적 만족, 자아실현을 중시하는 문화운동의 성격을 띠는 것이다.

예컨대 이전의 대안운동 영역에서 이뤄졌던 '다운 시프트down-shift 운동'이라 할 수 있다. 다운 시프트는 자동차 기어를 고단에서 저단으로 바꾸는 것을 가리키는데, 우리 삶에서도 기어를 낮춤으로써 금전적 수입과 사회적 지위에 연연하지 않고 느긋하게 즐기자는 운동이다. 핵심은 소비와 소유를 줄이면 돈을 많이 벌어야 한다는 강박증에서 벗어날 수 있다는 것이다.

## 편리함의 불편함

미국의 현대 건축가 프랭크 로이드 라이트는 "많은 부자가 자기 소유물의 관리인에 지나지 않는다"라는 말을 했다. 일종의 도구 패러다임이라 할 수 있다. 편리함을 위해 도구를 이용하지만, 정작 그 도구들을 구매하고 유지·관리하는 데 필요한 비용을 지불하기 위해 불편한 노동 시간이 길어지고 있다는 지적이다.

우리는 편리한 생활을 위한다는 명분으로 많은 도구를 이용한다. 예를 들어 대부분 가정에는 주방에 전자레인지가 반드시 갖춰져 있으며, 하다못해 혼자 사는 싱글족들도 갖추고 있다. 냉장고를 보면, 가족 수가 줄어들고 있음에도 점점 크기가 커지고 용도에 따라 여러 종류를 들여놓은 집이 많다. 여기에다 조금 사치를 부리면 식기세척기, 오븐과 제빵기, 정수기 등까지 이것들만으로도 부엌이 가득 찬다. 거실에는 대형 TV와 홈시어터 등 여러 가전제품이 들어차 있다. 그리고 방마다 컴퓨터가 설치되어 있다.

이런 도구들은 편리함을 제공한다. 하지만 그 편리함 이면에는 심각한 문제가 있다. 첫째, 이용 효율이 떨어진다는 점이다. 사람들은 전자레인지를 언제 어느 정도 이용하는지, 하루에 정수기로 몇 잔의 물을 마시는지를 따져보지 않고 그것들을 구매한다. 둘째, 종일 전기 코드를 꼽아놓는 가전제품이 늘어나면서 전기요금이 적지 않게 빠져나간다는 점이다. 전자제품의 가짓수와 그것을 이용하는 습관에 따라 전기요금은 큰 차이가 난다. 사용하지 않을 때 코드를 뽑거나 에너지효율등급이 높은 제품을 사용하는 가정은 1만 원이 채 안 되는 전기요금을 부담하는 반면, 생각 없이 제품을 늘린 가정은 전기요금만 10만 원이 훌쩍 넘어간다. 게다가 각종 렌탈제품을 이용한다면 렌탈요금까지 부담해야 한다. 그리고 셋째로 공간 효율성 면에서도 문제가 발생한다. 세 식구가 살기에 충분했던 25평 아파트가 짐이 늘어나면서 감옥같이 답답해진다. 청소할 때도 시간이 훨씬 오래 걸린다. 물건을 구매하는 데 드는 돈과 함께 반드시 필요하지도 않은 그 물건을 유지하는 데 많은 비용이 발생하고 관리를 위해 노동력까지 필요해지는 것이다.

결국 우리는 편리함을 위해 상품들을 구입하지만, 편리함을 제대로 누려보지도 못하고 치다꺼리만 하게 되는 셈이다.

## 버릴수록 자유로워진다

일본에서 슬로 라이프의 제창자로 느리게 살기 운동을 하는 쓰지 신이치 교수는 자신이 소유한 물품의 리스트를 작성해보라고 권한다. 지금의 자본주의하에서는 끊임없이 소비해야 할 것 같은 강박이 조성되어 있기에 약간의 불편을 제거하는 대가로 큰 비용을 지불하는 소비의 함정에 갇힐 우려가 있다는 것이다.

각종 소비와 소유로 말미암은 고정비용은 우리 가정경제를 생각보다 훨씬 심하게 압박한다. 각종 렌탈비와 공공요금, 구매에 따른 비용은 우리로 하여금 월급 통장을 들고 한숨짓게 한다. 편리하고 윤택한 생활을 위해 소비하는 것이 아니라 우리가 소유한 물품들을 관리하기 위해 더 많은 노동을 해야 하는, 말 그대로 소유물 관리인으로 전락해버린 것이다.

이런 함정에서 벗어나는 방법은 첫째, 쓰지 신이치 교수의 조언대로 소유 물품 리스트를 작성해보고 그 제품의 가치를 따져보는 것이다. 두 번째는 과감히 치우는 것이다. 약간의 편리성을 위한 제품들을 치우면 말 그대로 약간의 불편을 감수해야 한다. 하지만 심리학적으로 사람에게는 기본적으로 불편적응 심리가 있다고 한다. 불편함은 시간이 지나면 익숙해진다. 편리에는 끝이 없지만 불편에는 분명 끝이 있다. 약간의 불편을 감수한 대가는 생각보다 크다. 생활비가 적게는 10만 원에서 많게는 100만 원 단위까지 줄어든다. 냉장고를 줄이면 식재료를 덜 사게 되고, 전자제품 수를 줄이면 전기요금과 렌탈

비용과 관리비를 절약할 수 있다. 공간도 효율적으로 사용할 수 있다.

내가 아는 어떤 가정은 다운 시프트를 실천하고 월 50만 원, 연간 600만 원의 비용을 줄였다고 한다. 그 가정은 줄어든 만큼 비상금을 만들고 휴가 등 여유로운 생활을 누리기 위한 비용을 늘렸다. 집 안이 넓어져 넓은 평수로 이사해야 할 것 같은 심리적 불편을 제거했을 뿐 아니라 집에 들어설 때마다 마음이 그렇게 편안할 수 없다고 기뻐한다. 약간의 불편을 감수해야 하지만 삶의 질은 더 높아진 셈이다.

생각을 차분히 정리해 소비에 대한 기존의 습관을 벗고 전체적인 소비를 줄이는 안티소비 운동을 실천해보자. 더 벌어야 할 것 같은 강박조차 버리게 되면서 막연한 불안에서 벗어날 수 있다. 이런 생활이 자리를 잡으면 직업 선택도 연봉이 아니라 적성과 보람을 중심으로 하게 된다. 삶 전체가 자유로워지는 것이다.

# 후불제 전략의
# 함정에 빠지지 마라

　우리는 물건을 구입할 때 나름대로 기준을 설정하고 그 기준을 통해 구매결정을 내린다. 그런데 여기서 기준이란 자신의 선호보다는 판매 현장에서의 구매조건일 때가 많다. 예를 들어 설문조사를 해보면 TV를 구입할 때 화질이나 음질을 중요하게 생각한다고 답하지만, 정작 매장에서 음질을 테스트하는 소비자는 1퍼센트도 안 된다. 오히려 판매원이 구매조건을 어떻게 제시하느냐에 따라 선택하게 된다. 제품의 기능보다는 정상가보다 얼마나 할인을 해주는지, 사은품을 끼워주는지, 배송이나 설치비를 따로 받지는 않는지에 따라 구입을 결정하는 것이다. 즉, 기능보다는 판매자들의 다양한 조건이 구입의사결정의 준거점이 된다는 얘기다.

　그래서 판매자들은 소비자들이 쉽게 구입의사를 결정할 수 있도록 준거점을 바꾸는 전략을 취한다. 대표적인 것이 후불제 판매다.

## 소비자의 준거점을 무너뜨리는 후불제 전략

물건을 구입할 때 돈을 지불하는 선불제와 물건을 받아보고 나서 돈을 지불하는 후불제는 준거점이 다르다. 선불로 구입할 때는 제품의 효용이 무엇인지, 자신에게 꼭 필요한 상품인지 등을 따져보면서 제품을 구입했을 때 얻게 되는 '이득'을 준거점으로 삼는다. 그러나 후불로 구입할 때는 준거점이 확연히 달라진다. '제품이 맘에 들지 않으면 100퍼센트 환불 보장'이라는 말에 일단 써보자는 생각을 한다. 그리고 제품을 받은 다음에는 반납할 만큼의 하자가 있는지를 따져보고 계속 사용할지 말지를 결정한다. 다시 말해 선불일 때는 자신이 얻게 되는 '이득'을 따지지만 후불일 때는 굳이 제품에 큰 '문제'가 없으면 구입하는 것으로 기준이 바뀌는 것이다. 더욱이 교환이나 반품을 하려면 자기가 굳이 시간을 내서 번거로움을 감수해야 하기에 웬만하면 그냥 쓰게 된다는 점도 있다. 결국 후불제는 구입 시의 준거를 바꾸고 신중함까지 무너뜨리는 마케팅 방법이다.

한편으로는 물건을 구입할 때 옵션을 제시하는 방법에 따라 준거점이 바뀌기도 한다. 처음에 풀옵션을 제시하고 이를 기준으로 하나씩 불필요한 옵션을 제거할 때와 기본 상품만 제시한 후 필요한 옵션을 하나씩 채워갈 때의 선택도 달라진다. 옵션을 제거할 때는 풀옵션이 준거점이 되지만 옵션을 추가할 때는 기본 상품이 준거점이 된다. 이

두 가지 상황을 비교하면, 애초에 준거점이 높았던 풀옵션 제시의 경우 소비자는 더 많은 옵션을 선택하고 지출 금액 또한 훨씬 높아진다. 이는 패키지 상품이나 자동차를 판매할 때 자주 이용되는 방법이다.

결론을 말하자면, 기업들은 소비자의 준거점을 무너뜨리는 판매 전략을 꾸준히 개발하고 있다는 것이다. 그럼으로써 소비자들의 합리적인 판단을 무너뜨려 애초에 필요로 했던 것보다 더 많이 지출하게 한다.

가장 쉽게 알 수 있는 예로 렌탈 방식의 정수기를 살펴보자. 렌탈 판매 방식은 기업 입장에서는 굉장한 매출 증대를 가져온 혁신이었다. 사실 렌탈이라고는 하지만 거의 할부구매나 다름없다. 할부로 판매하면 일시불보다 구매 가능성이 높아진다. 심지어는 렌탈 방식을 택하게 되면서 애초 제품 가격에 비해 터무니없는 값을 할부로 지불한다는 사실조차 소비자들은 눈치채지 못한다. 매달 돈을 쪼개서 내기 때문에 결정의 준거점이 바뀔 수밖에 없다.

제품 가격을 일시불로 지불해야 한다면 아마도 보통은 정수기를 꼭 집에 들여놓지는 않을 것이다. 하지만 렌탈이라는 판매 방식으로 제품 가격의 거품이 숨겨졌고, 할부로 나누어 지불하는 방식이어서 지금처럼 대부분 가정의 필수품으로 자리 잡게 된 것이다. 이런 식으로 우리는 겉으로 보이는 작은 비용에 방심하면서 생각보다 큰 비용을 지불한다는 점을 잊어버린다.

물론 전체적으로 큰 비용을 지불하더라도 그 제품이 우리 삶의 불편을 그만큼 효율적으로 제거하고 있다면 문제가 되지 않는다. 여기에 대해 살펴보도록 하자. 알다시피 가족 수는 줄고 있다. 이는 가족이 먹을 물을 끓이는 데 드는 수고가 과거보다 덜하다는 것을 의미한다. 더 간단히 따지자면 정수기를 이용하여 하루에 몇 잔의 물을 마시는지를 생각해보는 것이다. 정수기가 항시 비치되어야 할 정도로 자주 이용하지는 않을 것이다. 사용 횟수 외에 또 다른 에너지를 낭비하고 있다는 점 역시 생각해봐야 한다. 정수기는 종일 전기를 사용하는 제품이다. 결국 하루 한 번 혹은 2~3일에 한 번 물 끓이는 수고를 덜기 위해 정수기를 렌탈하는 것은 제품 자체의 고비용뿐 아니라 지속적인 전기요금의 추가 부담을 유발한다.

## 제품 효용을 따져보는 간단한 방법

정수기와 마찬가지로 가정 내 모든 전자제품의 비용 대비 효용가치를 따져봐야 한다. 구매에 따른 비용 — 그것이 할부라면 할부 수수료까지 포함해야 한다 — 외에 사용과 유지를 위해 소요되는 숨은 비용들까지 찾아 따져보자. 그 비용만큼 우리 삶의 질이 개선되고 있는가?

머릿속으로 막연히 생각하지 말고 구체적으로 따져보자. 정수기의 예를 계속 들어보자. 성능에 따라 다르겠지만 렌탈비가 보통 월 3~5만 원 정도다. 여기에 전기요금도 더 나오고, 정수하면서 물 버리니 수도요금도 더 나오게 된다. 결국 이런저런 부대비용까지 고려하면 1만 원 정도는 더 나오게 된다. 월 4~6만 원 수준이다. 이 정도 금액이야 별거 아니라고 생각할 수 있겠지만 이 돈은 한 달만 들어가는 것이 아니다. 1년이면 48~72만 원이고, 렌탈기간 5년을 가정하면 240~360만 원이다.

이만큼이나 돈이 더 들어가니 정수기를 쓰지 말자고 이야기하는 것이 아니다. 돈을 썼을 때 내가 얻게 되는 효용을 따져보라는 얘기다. 정수기를 둠으로써 얻을 수 있는 것은 무엇인가?

사람들이 정수기를 이용하는 가장 큰 이유는 '편리성' 때문일 것이다. 그렇다면 그 편리성의 구체적인 정체는 무엇일까? 정수기가 제공하는 편리성이란 물 끓이는 불편을 제거한 것이다. 수돗물 자체에 대한 믿음이 낮은 우리나라 사람들은 먹을 물은 끓여 먹어야 한다고 생각한다. 물을 끓이는 번거로움이 정수기 사용으로 대체된 것이다.

이러한 정수기의 편리성을 고려하여 우리가 지불하는 비용과의 상관관계를 따져볼 필요가 있다. 즉, 과연 정수기 한 대를 이용하는 비용이 정수기를 통해 얻게 되는 편리성의 가치만큼 적절한 수준인지를 보는 것이다.

앞서 언급한 금액과 자신이 생각하는 효용을 비교해보자. 들어가는 돈만큼의 가치가 있는가? 혹은 정수기만 없었다면 여름 휴가비를 걱정하지 않아도 되고, 5년치를 모은다면 해외여행도 다녀올 수 있는 돈이라는 생각이 드는가? 만약 300만 원이 생긴다면 어떤 일을 하고 싶은지 생각하고, 이를 목록으로 만드는 것도 해보자. 쇼핑, 여행, 자기계발 등 여러 가지가 있을 것이다. 그중에 제일이 정수기인가? 그렇다면 정수기를 쓰는 것이 맞다. 하지만 다른 무언가라면 정수기는 잠시 뒤로 미루는 것이 맞지 않을까?

정수기에 대한 답은 아마 사람마다 다를 것이다. 그리고 그래야 옳다. 소비에 대한 만족도는 주관적일 수밖에 없기 때문이다. 만약 먹는 것을 좋아하는 가정이라면 다른 가정보다 식비를 많이 쓰는 것이 맞다. 그게 아니라 옷을 좋아하는 가정이라면 밥을 굶어서라도 백화점에 가서 옷을 사 입는 것이 맞다. 즉 소비를 잘 하려면 자신의 욕구를 잘 알아야 하고 거기에 집중해서 돈을 쓰는 것이 맞다. 돈은 한정된 자원이기에 하고 싶은 것을 다 하고 살 수는 없다. 그래서 우선순위를 따져봐야 한다. 하고 싶은 것 1~3순위라면 마땅히 돈을 써야겠지만 100번째나 200번째에 해당한다면 그 항목은 포기하거나 뒤로 미룰 줄 알아야 한다.

그럼에도 의사결정 없이 그때그때 즉흥적으로 돈을 쓰다 보니 돈은 돈대로 없어지고 자신의 욕구는 실현되지 못한다. 돈 쓰고도 불행해지는 것이다. 그동안 썼던 돈을 쭉 떠올려보자. 가장 즐거웠던 소비는 무엇인가? 그리고 후회되는 소비는? 앞으로 즐거운 소비는 늘리고 후회되는 소비는 줄이자. 소비에 대한 의사결정 능력을 키우면 같은 돈을 쓰더라도 만족도가 훨씬 높아진다.

# 손실회피성향에
# 속지 마라

대부분의 사람은 스스로를 이성적이고 합리적인 소비자이며 나름대로 올바른 결정을 내린다고 생각한다. 심리학자들은 소비자의 이러한 믿음을 '객관적 평가에 대한 환상'이라고 한다. 종종 비합리적인 의사결정을 내리면서도 스스로의 비합리성을 자각하지 못한다는 의미다.

## 안 사면 손해 보는 기분

일상생활에서 단지 저렴하다는 이유로 구입하는 물건들은 생각보다 많다. 이전에 한 마트에서 치킨 한 마리를 5,000원에 판매한 적이 있었다. 짧은 기간이었지만 모르는 사람이 없을 정도로 대히트를 쳤다. 치킨 한 마리를 사려고 두세 시간씩 기다리는 진풍경이 연출되었고, 300마리가 단 20분 만에 매진됐다는 보도도 있었다.

과연 이때 치킨을 사려고 줄을 섰던 사람들은 모두 치킨이 정말 먹고 싶었던 이들일까? 아니면 동네 치킨집 치킨은 너무 비싸서 평소에 먹어볼 엄두도 못 내던 사람들이었을까?

둘 다에 꼭 그렇다고 답할 순 없을 것 같다. 다만 그날따라 치킨이 정말 먹고 싶었을지는 잘 모르겠으나, 너무 비싸서 평소에 엄두도 못 낼 음식이었다는 점에는 선뜻 공감이 되지 않는다. 물론 치킨 가격이 프랜차이즈점을 중심으로 형성되면서 비싸진 측면도 있긴 하다. 그렇다고 해서 너무나 먹고 싶지만 참아야 했을 정도로 고가라고는 말할 수 없을 것이다.

앞의 두 가지보다 확실한 이유는 쌀 때 안 사 먹으면 손해 보는 것 같은 기분 때문이라고 할 수 있다. 이를 손실회피성향이라고 하는데, 이것이 구매를 부추긴 것이다. 앞서 언급한 수박의 예에서도 마찬가지다. 반 통이 7,000원이고 한 통이 1만 원이었던 예 말이다. 행동경제학자들의 주장처럼 소비자는 일상적으로 손해를 피하려고 수박 한 통을 선택할 가능성이 높아진다. 즉, 반 통을 사면 손해라고 생각하기에 한 통을 사는 것이다. 그리고 이러한 의사결정이 나름대로 합리적 결정이라고 믿는다. 과연 합리적인 결정일까? 더 나아가 거기서 정답은 '반 통을 사는 것'이었을까? 사실은 그것도 아니다. 더욱 중요하게 생각해봐야 할 점은 애초에 수박을 사러 마트에 갔는가 하는 점이다. 처음부터 수박을 먹고 싶은 욕구가 있어서 마트에 갔다면 모르지만 그것이 아니라면 반 통짜리 수박조차도 살 이유가 없었던 것이다.

## 손실회피의 역설

같은 물건을 살 때 이왕이면 싸게 사는 것이 좋다. 하지만 싸다고 무조건 사는 것은 바람직하지 못하다. 그런데 소비자는 손실회피성향이 작동해 싸다고 무조건 사면서도 '이건 필요해서 사는 거야'라고 마음속으로 합리화해버린다.

우리는 일상생활에서 이런 오류를 무수히 범하게 된다. 기업의 마케팅이 처음부터 이러한 심리를 겨냥하고 있기 때문이다. 그래서 소셜마케팅이 범람하고 대형마트의 각종 행사상품을 수시로 접하게 되는 것이다.

홈쇼핑이나 대형마트에서는 가격 할인을 할 때 '할인'이라는 단순한 문구보다는 '한정 판매', '오늘의 초특가', '1+1' 등의 조건을 달아서 구매 욕구를 더 자극한다. 마치 지금 아니면 못 살 것처럼 충동질해서 '나중에 비싼 가격에 사느니 차라리 미리 사놓자'고 생각하게 만드는 것이다.

할인제품은 대부분 충동구매를 일으킨다. 《상식 밖의 경제학》 저자이자 듀크 대학교 교수인 댄 애리얼리는 이에 대해 다음과 같이 이야기했다.

"시간제한 할인 전략은 감정을 고조시키기에 효과가 있다. 당신이

상품을 필요로 하든 필요로 하지 않든, 그것을 원하든 원하지 않든 시간제한 자체가 지금 당장 행동할 것을 재촉한다. 그에 대한 감정적 반응은 이렇다. '지금 당장 사야 해, 그렇지 않으면 다 팔릴 거야!' 할 인구매를 했기에 사람들은 자신이 똑똑하고 현명하며 능력 있는 사람이라고 느끼는 것이다."

애리얼리 교수의 말은 상당한 설득력이 있다. 이 글을 읽는 사람 중 상당수도 대형마트의 할인코너에서 이와 같은 감정을 경험했을 것이다.

할인제품의 또 다른 문제는 일종의 역설이라 할 만하다. 할인한다는 사실에 흥분해서 구매했지만 정작 그 제품의 가치에 대해서는 평가절하한다는 것이다. 따라서 소홀히 다루기 쉽다. 나는 상담이나 교육 현장에서 수많은 사람을 만나는데 그중 한 상담자의 얘기가 그랬다. 그는 할인된 가격에 파를 샀을 때 비슷한 경험을 했다고 한다. 평소 그는 유기농 매장에서 한 단에 4,000원짜리 파를 샀는데, 건강에 유익한 제품이라는 생각에 파뿌리까지 말려서 쓰는 등 하나도 버리지 않았다고 한다. 그런데 어느 날 싸게 구입한 파는 조금만 시들어도 바로 버렸다는 것이다.

상담이나 교육 현장에서 만난 많은 이들이 대형마트에서 구매한 대량의 식재료를 냉장고에서 썩혀 어쩔 수 없이 버려야 할 때가 많다고 고백했다. 하나 더 얹어주거나 할인해서 판매하는 데 이끌려 대량으로 구매했지만 가족 수가 적거나 외식이 잦아 제대로 소진하지 못하는 탓이다. 과거보다 가족 수가 줄었음에도 냉장고는 계속 대용량화 추세이고 가짓수도 점점 늘어나고 있다. 양문형 냉장고에 김치냉장고, 와인냉장고, 이제는 옷도 냉장고에 보관하라고 광고하는 세상이다. 이와 더불어 마트 역시 점점 대형화하고 있다.

그런데 혹시 우리나라에서 연간 18조 원이라는 자원이 음식물 쓰레기로 폐기되며 처리비용도 연간 약 6,000억 원에 이른다는 사실을 아는가? 사회적 비용으로 따져봤을 때도 지나친 것은 물론이거니와 가정경제의 건전성 측면에서도 문제가 크다고 하겠다. 자원이 이렇게 낭비되는 데에는 여러 원인이 있겠으나 가장 중요한 것은 소비 방식과 습관이다.

요즘에는 매주 대형마트에 가서 일주일치 식재료를 한꺼번에 구매하는 것이 일상화되고 있다. 대량으로 구매하면 같은 제품이라도 할인을 받을 수 있고, 신용카드로 결제할 때는 카드사의 추가 할인이나 포인트 적립이라는 혜택까지 챙길 수 있으니 합리적 소비라고 생각한다. 그러나 이렇게 할인된 제품을 사는 것이 소비에서 오히려 비합리성을 유발할 위험이 있다는 점은 간과하고 있다.

앞에서 봤듯이 좀 더 비싸게 구매한 제품이 절약에 더 도움이 될 수 있다. 무조건 싼 제품을 대량으로 사는 소비 습관 대신 제대로 된 가격을 지불하고 필요한 것만 살 때 우리의 소비 생활이 더욱 건강해질 뿐 아니라 환경에도 큰 보탬이 될 것이다.

## 손실회피성향

사람들은 손해 보는 것을 싫어한다. 같은 대상을 놓고도 그것을 잃었을 때의 처참함은 그것을 얻었을 때의 행복감보다 훨씬 크게 느낀다. 예를 들어 100만 원을 더 벌었을 때의 좋은 기분과 100만 원을 잃었을 때의 나쁜 기분 중 어떤 게 더 클 것 같은가? 보통은 후자 쪽이다. 이처럼 같은 크기의 이익과 손실 중에서 사람은 손실에 훨씬 더 민감하게 반응한다. 번 돈이나 잃은 돈이나 똑같은 100만 원이라면 이에 대한 감정의 크기는 같아야 하는데 사람의 감정은 그렇지가 않다.

# 생활 속 작은 소비를
# 조심해야 한다

국거리가 없어서 세일하는 유기농 두부를 한 모 골라서 카트에 넣었다. 호박도 하나 골라 넣었다. 사실 이 정도면 됐는데 카트가 너무 허전하다. 꼭 카트가 허전해서만은 아니지만 이왕 온 김에 구경 삼아 한 바퀴 돌고 시식도 한 후 계산하기로 마음먹었다.

이 고객은 약 30분 후 '계산대의 배신'을 당할 가능성이 크다. 단지 국거리 조금 사러 왔는데 계산대에 물건을 올려놓고 보니 잔칫상 차릴 장을 본 것이다. 이리저리 구경 다니다가 세일 하루 남은 물건이 눈에 들어와서 사고, 원 플러스 원 우유가 있어서 사고, 시식한 만두와 삼겹살이 맛있어서 사고, 삼겹살을 샀으니 상추와 버섯도 사고, 고기만 먹기 아쉬우니 소주도 사고, 입가심을 위해 맥주도 사고, 맥

주를 샀으니 마른안주도 샀다. 계산을 하려고 줄을 서 있다가 계산대 옆에 놓인 껌과 콜라도 카트에 넣었다. 결국 국은 끓이지 않았고 두부는 냉장고 구석에 있다가 상해서 버렸다.

이런 상황은 비일비재하게 일어난다. 마트의 상술을 이겨내고 미리 적어간 목록대로 장을 본다는 건 너무나 어려운 일이다.

그럼에도 대형마트는 이제 생활에 꼭 필요한 장소가 됐다. 주부들이 찬거리 사려고 방문하는 곳이라는 차원을 넘어선 지 오래다. 예전에는 아이들에게 같이 장 보러 가자고 하면 툴툴거렸지만 요즘에는 아이들이 먼저 가자고 조를 정도다. 이처럼 모든 연령대에 친근한 장소인 대형마트는 우리의 소비 모습을 살펴보기 위해 빼놓을 수 없는 곳이다.

대형마트의 핵심 이미지는 싸다는 것이다. 연중 할인행사가 끊이지 않는다. 뉴스를 통해서도 대형마트의 가격전쟁 이야기가 수시로 들려오고 전단에도 꼭 필요한 상품들을 할인해준다는 희소식이 가득하다. 그러나 막상 가보면 도대체 뭘 할인해준다는 건지 이해할 수 없다. 카트에 상품을 담을 때 이전보다 훨씬 신중했음에도 계산대 앞에 서면 입이 떡 벌어진다. 많은 소비자는 광고 문구만 유난스러운 대형마트를 찾았다가 뒤통수 맞은 기분으로 돌아온다.

## '정박효과'로 유혹하는 대형마트

매장에서 할인행사를 할 때 동원되는 용어가 행동경제학의 '정박효과'다.

예컨대 매장 입구 플래카드에 '50퍼센트 세일'이라는 대문짝만 한 글씨가 있다고 하자. 소비자는 그걸 보고 매장에 들어갔지만 실제로 물건을 보면 50퍼센트 세일이 아닌 경우가 많다. 나와서 현수막을 다시 보면 작은 글씨로 '최고'라고 적혀 있다. '최고 50퍼센트 세일'은 모든 제품을 50퍼센트 세일한다는 얘기가 아니다. 한두 가지만 50퍼센트 세일을 하고 나머지는 약간만 저렴하게 판매한다. 그런데 소비자들은 50퍼센트 세일이라는 말에 '닻'을 내리고 매장에 들어가므로 다른 물건들이 50퍼센트 세일에 못 미치더라도 '여기는 저렴하게 판매하는 곳이야'라고 생각하며 구입한다. 이것이 바로 정박효과다. 이로써 할인매장들은 가장 저렴한 상품 한두 가지만 내세우고도 다른 제품까지 덩달아 판매가 늘어나는 효과를 거두게 된다.

이런 전략을 제대로 활용하는 곳이 바로 대형마트다. 경제가 어려울수록 대형마트는 더욱 열심히 할인행사를 한다. 전단에는 20년 전 가격이라는 표현까지 써가며 저렴한 가격임을 강조한다. 뉴스를 보면 대형마트끼리 할인 경쟁을 벌이는 것이 종종 이슈가 되기도 한다. 한곳에서 반값으로 팔면 다른 곳에서는 최저가 보상을 내세우며 다른 마트보다 무조건 더 싸게 팔겠다고 경쟁을 벌인다. 이런 기사에서는 대개 '대형마트 가격 경쟁 덕분에 소비자들 웃음꽃 피었다'는 식의 표현이 나온다. 상식적으로도 경쟁업체끼리 가격 경쟁을 벌이면 소비자들이 큰 혜택을 보리라고 예측할 수 있다.

하지만 대형마트끼리의 가격 경쟁에는 뭔가 석연치 않은 구석이 있다. 가격 경쟁 기사를 보고 마트를 찾아가면 분명히 너무나 싼 가격에 상품을 팔고 있음을 발견하게 된다. 사람들은 이른바 '폭탄세일' 상품이 다 팔려버릴까 봐 앞다투어 카트에 담는다. 다들 싸게 샀다는 사실에 흡족해하면서 자기들끼리 날마다 경쟁했으면 좋겠다고 생각한다.

하지만 이 상황에서 승리자는 소비자가 아니라 대형마트다. 세일하는 품목 중 자신에게 꼭 필요한 상품이 있는지 따져보고 재래시장이나 다른 점포들보다 더 싸다는 판단하에 딱 그것만 사서 오는 소비자가 있다면, 이 사람은 승자가 된다. 하지만 대부분은 소비자가 패자다. 대형마트에서 말도 안 되는 가격에 상품을 팔면 조금 전까지 필요하다는 생각을 전혀 해본 적이 없음에도 '언젠가는 필요해질 물건'으로 바뀌는 것이다. 그래서 언젠가는 살 테니 지금 쌀 때 사놓아야겠다는 생각에 필요치 않았던 물건을 대량으로 사게 된다. 여기서 끝이 아니다. 세일하는 물건을 산 다음에는 여유롭게 마트 구경을 시작한다.

### 정박효과 anchoring effect

'정박'은 항구 등 특정 지점에 배가 닻을 내리고 머물러 있는 것을 말한다. 정박효과는 여기에서 유래한 용어다. 배가 닻을 내리면 닻과 배를 연결하는 밧줄 길이 내에서만 움직일 수 있듯이 사람의 심리가 어떤 요인으로 고정된 상태에서 벗어나지 못하는 것을 가리킨다. 이 분야를 연구한 트베르스키와 카네만은 사람들이 의사결정을 할 때 외부에서 주어진 초기 정보를 이용해 자신의 평가를 조절하는 성향을 정박효과라고 불렀다. 사람들은 보통 자신이 한 가지 정보에 묶여 있다는 생각을 하지 못한다. 그래서 주어진 정보가 판단하려고 하는 사안과 상관관계가 적거나 잘못된 정보일 경우 문제가 발생하는 것이다.

## 마트 간 가격 경쟁의 비밀

저렴한 가격에 필요한 물건을 살 수 있다는 것은 소비자로서는 분명 좋은 일이다. 하지만 값을 크게 내렸다는 할인품목은 마트에서 판매하는 7만여 개의 제품 중에 겨우 10~20개에 불과하다. 그 폭탄세일 상품 때문에 대형마트에 왔다가 이제 나머지 수만 가지 상품을 둘러보기 시작하는 것이다. 그리고 당연히 나중에 계산할 때쯤에는 폭탄세일 품목 외의 상품이 카트에 더 많이 담겨 있음을 발견한다. 물론 이왕 온 김에 폭탄세일이 아니더라도 싼 물건 더 사가는 게 잘못된 건 아니다. 문제는 대형마트의 물건이 싸다는 생각에 닻을 내린 상태라는 데 있다. 그렇기에 폭탄세일 물건은 고작 몇 개 사고 재래시장이나 동네 슈퍼보다 더 비싼 제품까지 덩달아 사는 상황이 벌어지는 것이다.

미국의 예일 대학교 로버트 쉴러 교수는 《야성적 충동》이란 책을 통해 '사고의 전염성'에 대해 말한 바 있다. 시장에서 한 가지 주제에 대해 논쟁이 불붙으면 오히려 이야기가 증폭되어 수요가 늘어나는 현상을 설명한 것이다. 기업에서 자주 사용하는 노이즈 마케팅과 비슷하다. 일단 화제에 오르면 욕을 먹더라도 주목을 받게 되는데 그에 따라 마케팅효과를 극대화하는 전략이다. 소비자들은 '마트가 싸다'

는 심리적인 닻을 내리고 마트에 가므로 더욱 적극적으로 이용하게 된다. 그러니 결국 대형마트끼리의 과당 경쟁은 그들 모두의 매출을 증대시키는 아름다운 윈윈게임으로 종결되는 셈이다.

노이즈 마케팅을 통해 소비자들의 관심을 증폭시키고 그로써 마트 방문자 수를 늘린다. 일단 마트까지 끌어들인 다음에는 손실회피 심리를 자극해 충동구매의 함정에 빠뜨린다. 그리고 최종적으로 염가 제품을 미끼로 다른 제품까지 추가로 구매하게 한다. 당장 피자나 치킨이 먹고 싶은 게 아님에도 싸다는 이유로 '지금 사러 가지 않으면 손해 볼 것 같은' 욕구, 즉 마케팅으로 만들어진 욕구에 반응하게 만드는 것이다. 바로 이러한 과정을 통해 대형마트들은 무방비 상태에 있는 소비자들의 지갑을 제대로 털어간다.

소비자는 배는 부를지 모르지만 자신의 진정한 욕구를 채운 것이 아니다. 단지 피자와 치킨을 제값 주고 사지 않았다는 요행을 경험했을 뿐이다. 게다가 그 요행은 알고 보면 다른 불필요한 제품들을 충동구매하면서 몽땅 날려버렸다. 결과적으로 소비자는 상술의 마법에 지갑을 도둑질당한 것이다.

### 대형마트의 눈속임과 PB상품 그리고 포인트

많은 사람이 대형마트의 물건이 싸다고 생각한다. 특히 공산품 종류는 싸다는 인식이 강하다. 확실히 공산품은 가격만 비교해보면 동네 슈퍼에 비해서 싸다. 그런데 바로 여기에 함정이 있다. 예를 들어 대형마트에서 파는 치약 3개 세트가 4,300원이라면 슈퍼에서 4,600원에 파는 것에 비해 싼 것처럼 보인다. 하지만 동네 슈퍼에서 파는 치약은 용량이 160그램인 것에 비해 대형마트에서 파는 것은 150그램이다. 그램당 가격으로 따지면 대형마트가 동네 슈퍼보다 비싼 것이다. 언뜻 보면 용기나 포장지의 디자인이 같고 크기도 비슷하다. 그래서 역시 대형마트가 싸다는 생각에 기분 좋게 선택하지만 속임수일 뿐이었다. 이런 식의 상술은 그동안 소비자고발 프로그램을 통해서도 많이 보도됐듯이 각종 공산품이나 조미료 등에까지 폭넓게 적용되고 있다.

물론 모든 상품을 대형마트에서 더 비싸게 파는 것은 아니다. 더 싼 경우도 있다. 하지만 대형마트는 절대 "이것은 동네 슈퍼보다 더 비싸고 이것은 슈퍼보다 더 쌉니다"라고 친절하게 말해주지 않는다. 대신 고객이 눈치채지 못하도록 눈속임을 해서 더 비싸게 팔고 있는 것이다.

가격 얘기가 나왔으니 PB상품을 빼놓을 수 없다. 대형마트에서 파는 물건 중 자사 브랜드를 달고 나오는 제품들이 이른바 PB상품이다. 광고비 등을 아껴서 고객에게 싸고 질 좋은 제품을 제공하겠다고 말한다. 한 대형마트는 PB상품이 전체 매출의 20퍼센트를 넘어섰고 10대 인기 상품 중 6개가 PB상품일 정도로 성적이 좋다. 대부분의 PB상품이 애초 의도대로 확실히 저렴한 가격에 제공되고 있기는 하지만 질 좋은 상품이라는 데는 동의하기가 어렵다. 이 역시 이미 여러 매체를 통해 보도되었듯이 PB상품 중에 질이 떨어지는 제품도 적지 않다. 소시지에 돼지고기가 아닌 닭고기를 이용한다든가 원유의 등급이 표기되어 있지 않다는 식이다. PB상품은 질 좋은 제품을 싸게 파는 것이 아니라 쌀 만한 제품을 싸게 파는 것으로 생각해도 무방해 보인다.

대형마트가 우리에게 공짜로 준다고 느끼는 것이 또 하나 있는데 바로 포인트다. 포인트카드 적립을 위해 꼬박꼬박 대형마트를 이용하다가 포인트 혜택보다 수십 배 많은 과소비를 하는 사람들이 있다. 소득공제 받으려고 신용카드 사용을 늘리다가 소득공제 받는 금액의 몇 배나 과소비를 하기 십상인 것처럼 말이다. 하지만 분명히 알아야 할 것은 기업이 착하고 선량해서 자신의 이익을 우리에게 나눠주고자 포인트를 적립해주고 사은품을 주는 것이 아니라는 것이다. 세상에 공짜가 어디 있겠는가. 사은품이나 포인트는 내 지갑에 있는 돈으로 기업이 생색낸다고 보는 게 옳다.

## 대형마트가 가져오는 폐해

얼마 전에 집을 이사해서 커튼을 달기 위해 나사못을 사려고 나섰다. 그런데 동네를 한 바퀴 돌아봐도 나사못 파는 곳을 찾을 수가 없었다. 대형마트를 가면 쉽게 구할 수 있었겠지만 나사못 하나 사려고 지하철로 두 정거장 거리에 있는 그곳까지 갈 수는 없었다. 지인에게 나사못을 얻어서 봉을 달아놓고 보니 이번엔 커튼 핀이 안 보였다. 역시 주변에서 파는 곳을 찾지 못했다. 불과 몇 년 전까지만 해도 흔히 볼 수 있었던 동네 철물점이나 만물상들이 언제부턴가 자취를 감춘 것이다.

대형마트를 이용하면 속임수에 당하기 쉬워 유쾌하지 않다고 생각하는데, 어떤 사람들에게는 그 이상으로 가혹한 일이다. 중소기업청의 발표를 보면 대형마트 하나가 생기면 재래점포 150개가 문을 닫는다고 한다. 2007년 9월 집계로 전국에 대형마트가 342곳이었으니 재래점포 5만여 개가 사라진 셈이다. 한 매장의 관계자 얘기에 따르면, 처음 매장을 열 때는 적자 목표를 세운다고 한다. 각 분야 담당직원 1인당 일정 기간 1억에서 1억 5,000만 원씩 적자가 나도록 계획을 세우는 것이다. 예컨대 납품 원가보다 턱없이 낮은 가격에 상품을 판매한다. 이런 방식으로 가격 경쟁력을 갖춰 3~5킬로미터 이내의 상권을 쓸어버리는 것이다. 그러니 대자본의 횡포에 소상공인들이 나가떨어지는 것은 시간문제다. 재래점포가 문을 닫으면 그때부터는 대형마트가 말 그대로 왕 노릇을 하게 된다.

대형마트를 이용하는 것이 편리하기만 할 것 같지만 길게 보면 그렇지도 않다는 것을 깨닫게 된다. 예전엔 동네 철물점이 있어서 주변에서 바로바로 살 수 있었는데 이젠 그럴 수가 없다. 속옷이나 양말 하나를 사려 해도 대형마트를 가야만 한다. 우리가 눈치채지 못하는 사이 소비의 선택권이 대형마트로 모두 넘어가버린 것이다. 우리는 어느덧 대형마트에서 파는 것만 소비해야 하는 상황으로 내몰리고 있다.

대형마트에 납품하는 업체들의 사정도 좋지만은 않다. 한 대형마트는 영세업체에 38퍼센트의 마진율에 합의하라고 강요했다고 한다. 그뿐만 아니라 원 플러스 원 행사를 강요하고, 판촉행사 때 드는 비용과 발생하는 손해 또한 떠안도록 했다.

물론 대형마트가 생기면 거기에서 고용이 창출되기는 한다. 하지만 그 숫자는 사라진 일자리에 비하면 극히 미미하다. 그리고 재래점포의 이익은 대부분이 그 사람들의 생활비로 쓰이기에 여기서 발생한 소비가 경제의 선순환을 일으킨다. 지역 시장이 돌아가는 메커니즘이기도 하다. 하지만 대형마트의 이익은 많은 부분이 지역을 떠나 대주주에게 들어간다. 즉 소비가 아니라 축적이 이루어지는 것이다.

## 작은 지출부터 단속하자

마이너스통장을 없애고 카드대금을 줄여보려는 노력을 한 번쯤 해보지 않은 사람은 없을 것이다. 그러나 그 노력은 심리적으로 스트레스만 주었을 뿐 좋은 결과를 내지 못하고 어느새 흐지부지되어버렸을 것이다. 여러 복합적인 이유가 있겠으나 가장 중요한 이유 중 하나는 작은 지출에 민감하지 않다는 것이다.

관리비 아끼기, 버리는 음식 줄이기 등의 작은 실천들이 쌓여 가정의 마이너스 현금흐름을 개선하는 힘이 된다. 그러나 우리는 지난 몇 년간 이런 작은 실천들을 구질구질한 것으로 여기게 되었다. 결과적으로 소득이 늘어야만 해결되는 문제, 혹은 투자를 통해 큰 수익을 거둬야만 풀리는 문제라고 여기게 되었다. 그러나 가계 지출에서는 생활 속 작은 소비들이 큰 문제를 일으킨다. 지출 목록 자체가 많으므로 하나하나 쓰다 보면 그것이 모여 큰돈이 새나가는 것이다.

집 안 곳곳에 사용하지 않는 것들이 얼마나 많은지를 보면 그 점을 금세 인정할 수 있다. 몇 번 사용하지 않았거나 처음부터 불필요했던 것들의 소비 대부분은 저렴한 가격에서 출발했다. 싼 것을 구매하는 것이 절약이 아니다. 절약이란 자신의 필요와 선호를 신중하게 고려해 천천히 잘 소비하는 것이다. 그러나 우리가 아무리 정신을 차리고 소비를 하려 해도 대형마트에서는 행동으로 옮기기 어렵게 되어 있다. 대형마트의 마케팅은 우리의 절제력을 뛰어넘는 수준이기 때문이다.

따라서 고물가 시대에 한 푼이라도 낭비를 줄여 적자 가계부를 만들지 않기 위해서는 절제력에만 기대서는 안 된다. 그보다는 처음부터 대형마트가 펼치는 고도의 마케팅 기술을 인정하고, 소비 장소를 조금 불편한 재래시장으로 바꿔보는 것이 현명하다.

물론 요즘은 대형마트가 시장을 독점하기 시작하면서 말 그대로 지역 상권이 무너져 어쩔 수 없이 대형마트로 가야 하는 경우도 적지 않다. 대형마트는 자신들이 독점적인 지위에 올랐다는 사실을 확인하자마자 할인점 본연의 역할을 대번에 내팽개친다. 그때부터 제품의 질은 당연히 떨어진다. 그래서 아예 발길을 끊기 어려운 환경이라면 횟수라도 줄여보자. 두 달에 한 번 정도로 횟수를 줄여보면 그동안 우리가 얼마나 많은 불필요한 것들에 지갑을 열어왔는지 알게 된다. 그리고 자신에게 맞는 소비 장소를 물색하는 노력도 필요하다.

마트에 발길을 끊고 나면, 처음에는 불편하지만 점점 불필요한 잡동사니들이 쌓이지 않는 집을 발견하게 될 것이다. 냉장고가 비어가면서 오히려 냉장고 속에 먹을 것이 많다는 사실도 발견하게 될 것이다. 아마도 머지않아 그렇게 사는 것이 훨씬 품위 있는 생활임을 느끼게 될 것이다.

# 현상유지편향이
# 불필요한 지출을 부른다

얼마 전에 핸드폰요금 청구서를 보고 쓰지도 않는 부가서비스의 요금을 내고 있다는 사실을 깨달았습니다. 이 핸드폰을 처음 가입할 때 한 달만 있다 해지하려고 했는데 어쩌다 보니 2년 넘게 쓴 거거든요. 그러니 2년 동안 안 내도 되는 돈을 내온 거죠.

핸드폰을 개통할 때 할인을 받기 위해서 이런저런 부가서비스를 신청하게 된다. 보통 처음 몇 달만 쓰면 된다는 말에 부가서비스를 신청하지만 그 기간이 지나도 해지하는 사람은 별로 없고 대부분은 그냥 계속 사용한다. 최근 스마트폰 사용자가 급증했는데 데이터요금에 익숙지 않은 사람들은 불안한 마음에 무제한 데이터요금을 신청한다. 처음에는 '일단은 써보고 나중에 바꾸자'라고 생각하지만 데

이터를 많이 쓰지 않더라도 실제로 요금제를 중간에 변경하는 사람은 많지 않다.

## 사람들은 왜 현상유지를 고집할까?

앞의 사례와 같은 얘길 하면 그 사람이 게으르다고 생각하기 쉽지만 이는 단순히 게으르고 부지런하고의 문제가 아니다. 여기에는 현상유지편향이라고 하는 행동경제학 이론이 작용한다. 예를 들어 몇 년 전에 주식을 1주에 2만 원을 주고 샀다고 가정해보자. 이 주식의 가격이 올라서 현재는 5만 원에 거래되고 있다고 한다. 이때 어떻게 할 것인지 생각해보자. 더 오를 것 같으니 해당 주식을 더 살 것인가? 아니면 이미 많이 올랐으니 가지고 있는 주식을 팔 것인가? 보통 사람들은 두 가지 질문 모두에 '아니오'라고 답변한다고 한다. 이런 상황에 직면할 때 대개는 살 마음도 팔 마음도 갖지 않는다는 것이다. 그 이유는 현재 상태에서 변화하길 싫어하는 사람의 심리, 즉 현상유지편향에서 찾을 수 있다.

현재 상황이 특별히 나쁘지 않다고 할 때, 변화를 시도할 경우 좋아질 가능성과 나빠질 가능성 두 가지가 존재하게 된다. 다시 말해 주식의 가격은 앞으로 더 오를 수도 있지만 떨어질 수도 있다. 더 샀는데 오르거나 팔았는데 내려가면 괜찮지만, 반대로 더 샀는데 내리거나 팔았는데 오르기라도 한다면 손해 봤다는 생각에 후회할 수밖에 없다. 앞으로 주식의 가격이 어떻게 될지는 모른다. 그래서 잘못

결정하면 손해를 볼 수 있다는 생각에 사람들은 의사결정을 망설인다. 이처럼 상황을 변화시킴으로써 발생하는 손해를 회피하기 위해 현재 상황을 고수하려는 경향을 현상유지편향이라고 한다.

이는 윌리엄 새뮤얼슨 교수와 리처드 젝하우저 교수의 실험으로 증명되었다. 실험에 의하면 같은 금액의 유산을 물려받게 되더라도 현금으로 물려받았을 때와 주식이나 채권 등으로 물려받았을 때의 행동이 달라진다고 한다. 유산을 현금으로 물려받은 사람들은 자신의 투자성향에 맞게 포트폴리오를 짜서 예·적금에 넣거나 투자 대상을 찾아 투자하지만, 주식이나 채권 등으로 물려받은 사람들은 자신의 투자성향과는 상관없이 물려받은 그대로 보유했다고 한다. 현상유지편향이 작용한 것이다.

## 현상유지 심리를 버려라

현상유지편향은 국가 정책에 활용되기도 한다. 예를 들어 스페인은 뇌사자의 84.3퍼센트가 장기기증을 할 정도로 뇌사자 장기기증이 활성화되어 있다. 일반적으로 누군가 뇌사 상태에 빠지면 생전에 미리 장기기증을 하겠다고 서약을 하지 않은 이상 장기기증을 하기가 쉽지 않다. 하지만 스페인은 이를 뒤집어 생전에 별도로 장기기증을 하지 않겠다고 미리 못 박은 사람 외에는 모두 장기기증에 동의한 것으로 간주한다.

이것은 디폴트옵션(지정하지 않으면 자동으로 선택되는 옵션)을 이용하여 설명할 수도 있다. 물건을 구입하거나 계약을 할 때 어떤 안을 디폴트옵션으로 지정해놓으면 대부분 사람은 그것을 변경하지 않고 그대로 받아들인다고 한다. 스페인에서는 장기기증에 동의하는 것을 디폴트옵션으로 해두어 기증률을 높인 것이다.

핸드폰을 개통할 때 일정 기간 사용하기로 약정한 부가서비스에 대해 해지할 생각을 하더라도 고객센터에 전화 한 통 걸 시간이 잘 나지 않는 것도 무의식적으로 현상유지편향이 작용하기 때문이다. 아예 무의미한 서비스가 아닌 이상 싸게 가입한 김에 유지하다 보면 나중에 사용하게 되리라는 생각을 하는 것이다. 기업들은 이 역시 마케팅에 십분 활용한다.

실생활에서 현상유지편향을 활용한 사례는 쉽게 찾아볼 수 있다. 대표적인 것이 제품을 판매할 때 무료체험행사를 하는 것이다. 일정 기간 제품이나 서비스를 무료로 사용해보고 제품에 만족한다면 이후부터 가격을 지불하게 하는 것이다. 그러면 사람들은 치명적인 하자가 있지 않는 한 결국 돈을 지불하고 사용하게 된다. 홈쇼핑의 후불제 판매나 서비스 계약 시의 자동갱신 조항이 여기에 해당한다.

현상유지편향은 현재 상태에서 움직이려 하지 않는다는 의미에서 관성이 작용하는 것으로 볼 수 있다. 이는 선거에서도 나타나는데 정책의 내용이나 사람에 관계없이 현직이 다시 당선되는 경향이 있다. 일종의 현직 프리미엄이 작용하는 셈이다. 그래서 새로운 정책을 실시하려 할 때는 그것이 좋든 나쁘든 반대하는 사람들이 있기 마련이다.

물건을 구입할 때 기존에 사용하던 브랜드의 제품을 다시 사는 것도, 익숙한 식당을 자주 찾는 것도 적성에 맞지 않는다고 하면서도 한 직장에 오래 다니는 사람들의 성향도 모두 이런 관성과 결부되어 있다.

현상유지편향이 나타나는 이유는 손해로부터 자신을 보호하려는 심리에 있다. 현상을 깨는 행동을 하면 괜히 안 해도 될 행동 때문에 금전적 손해를 보거나 다른 사람의 비판과 마주하게 되는 등 긁어 부스럼을 만들지 않을까 염려하는 것이다. 따라서 아무 행동도 취하지 않거나 기존의 패턴을 그대로 따라가는 것이 심리적인 부담을 적게 한다.

따라서 한 번 사용하게 되면 장기간 사용하게 되는 제품이나 서비스일수록 디폴트옵션에 끌려가고 있는 것은 아닌지 체크할 필요가 있다. 합리적인 판단을 하기 위해서는 기존의 설정이 없다는 전제하에 판단을 해야 한다. 예를 들어 핸드폰의 부가서비스를 처음부터 가입하지 않았다면 그래도 새로 신청해서 썼을 것인지, 무료체험행사를 하지 않았다면 그 제품을 구입했을 것인지 등 하나하나 원점에서 판단해야 한다.

**현상유지편향** status quo bias

의사결정 단계에서 현상유지를 선호하는 지각적 편향이다. 사람들은 특별한 이득이 주어지지 않는 이상 현재 성립된 행동을 바꾸지 않으려는 경향을 보인다. 이러한 현상유지편향은 사회적·경제적·정치적 분야에서 다양하게 관찰되고 이용되고 있다.

# 흑자생활로 가는 신용카드

마음속 회계장부는 많은 오류를 범한다

쓰고, 벌고, 갚기에서 벌고, 모으고, 쓰기로 바꿔라

카드를 쥔 나는 합리적이지 않다

안 쓰면 손해가 아니라 안 쓰면 이득이다

신용카드의 선포인트제도는 빚의 다른 이름이다

카드 결제일이 없는 월급날을 상상해보라

# 마음속 회계장부는
# 많은 오류를 범한다

표준경제학에서는 모든 경제 주체가 합리적인 의사결정을 내릴 능력이 있으므로 시장을 자율에 내맡겨야 경제가 효율적으로 성장할 것으로 본다. 그러나 표준경제학에서 이야기하는 것처럼 사람들은 합리적이지 않으며, 경제적 의사결정 과정에서 생각보다 많은 오류를 범한다. 사람은 돈에 대해서는 여러 요인을 고려해서 합리적으로 결정하지 않고 좁은 프레임, 즉 마음속에 일종의 회계장부를 만들어 놓고 의사결정을 한다. 그런데 이 마음속 회계장부에는 문제가 많다.

가령 어떤 사람이 상여금을 탔다고 가정해보자. 그는 그 상여금을 특별히 생긴 보너스로 마음속 회계장부에 입력한다. 그러나 그는 상여금이 지급되지 않는 평달에 이미 마이너스 상태였다. 그럼에도 상여금으로 마이너스통장을 갚는 데 쓰는 것이 아니라 마음속 장부에

'보너스'로 입력했기에 주말여행을 가거나 백화점을 가는 등의 특별한 소비를 하게 된다. 상여금이나 급여나 분명히 같은 돈임에도 씀씀이가 달라지는 것이다.

## 신용카드 결제 비중 세계 1위의 자화상

세계지도를 펼쳐놓고 보면 우리나라는 정말 초라할 정도로 작다. 이렇게 작은 나라인데도 여러 방면에서 글로벌 1위를 차지하고 있다. 유쾌하거나 자랑스러운 것이 아니라 자살률과 같은 다소 끔찍한 주제에서 말이다. 최근에는 신용카드 결제 비중이 미국을 제치고 1위에 등극했다. 역동적인 대한민국 국민은 카드 사용에서도 화끈하게 몰아주기를 실천하는 중이다. 비교적 보수적이고 검소한 사람들조차 지갑에 여러 장의 카드를 가지고 다니며 카드사에 충성한다. 카드를 사용할 때마다 그 카드의 주인으로서 카드사가 제공하는 단물만 골라 챙기고 있다는 자부심도 느낀다. 그 단물이 알고 보면 과학적으로 설계된 미끼였다는 뻔한 사실조차 유독 자신에게만은 예외로 친다. 그만큼 금융회사가 광고와 마케팅으로 의식을 조작하고 통제하는 뛰어난 실력을 갖추고 있기 때문이다.

우리나라로만 한정해서 볼 때 경제 활동을 하는 사람들의 지갑에는 평균 4.6매의 신용카드가 들어 있다. 그 카드는 소비 생활 전반에서 엄청난 활약을 펼친다. 보통 전기요금이나 핸드폰요금 등 각종 공과금은 매월 카드에서 자동으로 빠져나간다. 이미 후불로 지불하는 공과금을 카드로 결제하면서 한 번 더 결제 지연을 하는 셈이다. 심하게는 껌 한 통도 카드로 구매한다.

카드 한도는 그 카드를 소지한 사람이 한 달간 벌어들이는 소득의 3배가량 된다. 한도 전부를 사용하지는 않지만 때로 한도에 대한 자신감으로 할부까지 이용하고 나면 월급을 받아도 카드대금 결제하기가 아슬아슬할 지경이 된다.

이렇게 신용카드가 우리의 소비 생활 전반을 장악하고 월급을 통째로 삼켜버릴 수 있었던 가장 큰 이유는 편리성이다. 고가의 최신 전자제품 앞에서, 평소 탐내던 명품에서 눈을 뗄 수 없을 때 신용카드는 우리를 망설이거나 구매 여력을 따져보는 구질구질한 불편으로부터 해방시킨다. 우울한 월급날쯤은 이미 오래된 관성으로 여긴다. 어차피 쓸 데 썼을 뿐이고 한꺼번에 빠져나가는 것에 잠시 우울할 뿐 그보다 더 큰 소비 쾌락을 얻지 않았느냐고 스스로를 위로하면 그만이다.

그러나 편리성이 가져다준 달콤한 소비 쾌락은 생각보다 오래가지 않는다. 심리학에는 새로운 환경 변화 혹은 새것이 주는 쾌락에 사람들은 금세 적응해버린다는 이론이 있다. 일명 '쾌락적응' 현상이다. 그래서 우리는 새것에 대한 황홀함에 젖었다가도 금세 냉정을 되찾는다. 문제는 그 잠시나마의 쾌락에도 중독성이 있다는 것이다. 달콤하고 짜릿한 그 느낌에 사로잡히고 싶다는 욕구가 생긴다. 그래서 또다시 새것에 대한 욕망을 갖게 된다.

쾌락에 대한 충동과 그 쾌락에 금세 적응해버리는 인간의 능력은 오감을 자극하는 수많은 마케팅 장치들과 결합하면서 우리를 끝도 없는 욕구불만에 가둬놓는다. 그래서 의식하지 못하는 사이 쾌락충동을 좇느라 한 달 소득의 상당 부분을 카드사에 저당 잡히는 생활로 내몰린다. 결국 편리한 소비가 가져다주는 잠시의 쾌락을 위해 한 달 내내, 아니 평생을 힘들게 일하는 것이다.

# 쓰고, 벌고, 갚기에서
# 벌고, 모으고, 쓰기로 바꿔라

　지금보다 좀 더 가난했던 과거, 직장인들의 월급날은 다른 날에 비해 유난히 행복한 날이었다. 월급을 받아든 그들은 뿌듯한 기분에 자식들에게 줄 치킨이나 과일 한 봉지라도 손에 들고 귀가했을 것이다. 물론 풍족하지는 않았다. 점점 커가는 자식들을 보면서 월급봉투의 두께에 괜한 한숨도 나오고 그 적은 돈을 쪼개서 생활해야 하는 가족에게 미안한 마음이 들기도 했을 것이다. 그럼에도 월급은 가장들에게 한 달을 힘들게 일했다는 증거이면서 그에 따른 대가이자 보람이었다. 아무리 부족해도 그날만큼은 온 가족이 둘러앉아 화기애애한 한때를 보낼 수 있었다.

　과거보다 소득이 많이 늘어난 지금, 과거에 비해 더 많은 것을 소유하고 소비하고 사는 지금의 월급날은 어떤가? 지금은 월급날이라고 기뻐하는 사람은 많지 않다. 오히려 두려워하는 사람이 많다. 각종 대금 결제일이 월급날에 맞춰져 있기에 소득보다 결제해야 할 금액이 더 클까 봐 걱정스럽기 때문이다. 월급을 타는 즐거움 대신 속이 타는 스트레스를 경험하는 날이다.

## 월급날이 기쁘지 않은 사람들

이제는 월급날에 과거와 같은, 가난하지만 풋풋한 기쁨과 보람을 찾아보기 어렵다. 가장 큰 원인은 신용카드 사용에 있다. 신용카드는 사용 당시 당장 지갑에서 돈을 꺼내 지출해야 하는 번거로움을 제거해주었다. 그러나 지불이 유예된 그 한 달 동안 월급은 통장에 그대로 남아 있지 못한다. 금융의 온갖 기술이 발전하면서 돈을 편리하게 사용하는 동안 우리는 돈에 대한 기본을 잃어버렸다.

돈의 기본은 벌기, 모으기, 모은 돈을 쓰기다. 그러나 신용카드 한도를 손에 쥔 현찰로 착각하는 순간 우리는 쓰기, 벌기, 갚기로 돈의 순환을 왜곡시킨다.

이 차이는 생각보다 매우 크다. 돈을 쓰기 위해 버느냐 갚기 위해 버느냐로 달라지기 때문이다. 돈을 쓰기 위해서 벌 때는 월급날을 기다리면서 돈이 들어오면 어디에 쓸지를 상상하게 된다. 가족들과 나들이를 가거나 필요한 물건을 구입하는 계획을 세울 수 있다. 돈 쓸 생각을 하면서 일을 하니 일하는 것도 상대적으로 재미가 있다. 열심히 일해서 돈을 벌면 그만큼 할 수 있는 것이 많아지기 때문이다. 하지만 반대는 돈을 갚기 위해서 벌어야 하기에 일하는 것도 재미가 없다. 열심히 일해서 돈을 벌어봐야 은행이나 카드사 가져다주는 돈이 더 많으니 월급날이 반가울 리도 없다. 그래서 과거와 같은 월급날의 이벤트는 사라진 지 오래다.

우리는 빌린 돈을 갚기 위해 늘 아슬아슬한 경제생활을 반복하게 된다. 월급을 받아도 신용카드 막고 주택담보대출이자 갚고 나면 남는 돈이 별로 없다. 요즘엔 그런 가불구조 속에서 사는 사람이 대다수다. 비상금이나 목돈을 마련하기 위해 저축할 여력이 별로 없다. 그러다 보니 아이들 학자금이 필요하면 학자금 대출을 이용하고 전자제품이나 자동차를 바꿀 때 할부를 이용하는 게 당연시되었다. 급하게 돈 쓸 일이 생기면 유지하고 있는 보험상품이나 적금 등에서 약관대출이나 예금담보대출을 받아 쓴다. 월급 통장이 이미 마이너스 통장인 사람도 적지 않고 점점 일상 전체가 빚으로 이뤄져 간다. 언제부터인가 월급날은 이 모든 일상의 빚을 하나하나 처리해야 하는 골치 아픈 결제일이 되어버렸다.

이처럼 신용카드가 단지 소비를 늘리는 데 그치지 않고 생활의 근본적인 패턴까지도 바꿔놓고 있다는 사실을 기억해야 한다.

# 카드를 쥔 나는
# 합리적이지 않다

과학의 진보는 여러모로 놀라운 결과를 만들어냈다. 최근 과학자들은 사람을 분석하기 위해 좀 더 실증적인 도구를 개발해냈다. fMRI functional Magnetic resonance imaging, 즉 기능성 자기공명영상이라는 도구다. 강력한 자석과 무선신호를 이용해, 뇌 속 산소 수치의 급격한 변화를 모니터하면서 특정 현상 앞에서 뇌가 어떻게 변화하는지 관찰하는 것이다. 일종의 뇌 스캔 장치인 셈이다.

### '가능성'에 흥분하는 인간의 뇌

스탠퍼드 대학교의 신경학자 브라이언 넛슨은 이 도구로 몇 가지 실험을 했다. 그중 상품 구매의사와 가격의 관계에 대한 실험이 있는

데 그 결과가 상당히 흥미롭다. 그의 실험 결과에 따르면, 사람들은 고가의 제품을 보면 뇌섬엽이 활성화되고 저가의 제품을 보면 측좌핵이 활성화된다고 한다. 뇌섬엽은 동정, 죄책감, 굴욕, 자부심 같은 사회적 감정을 관장하는 뇌 영역으로 이 부분이 활성화되면 구매를 하지 않는다고 한다. 반대로 측좌핵은 충동을 관장하는 영역으로 이 부분이 활발해지면 기초적인 욕구의 충족을 바란다고 한다. 이에 대해 보스턴 대학교의 과학저널리즘학 교수인 엘렌 레펠 셸은 《완벽한 가격》이란 저서에서 이렇게 표현했다. "우리의 측좌핵은 할인제품에 직면하면 아마도 크리스마스트리처럼 환하게 켜질 것이다."

뇌 스캔 장치를 통해 우리가 내릴 수 있는 결론은 할인된 제품 혹은 저가의 제품을 보는 것만으로도 우리의 뇌는 충동구매의 욕구를 자극받는다는 사실이다. 우리는 이렇게 우리 뇌를 자극하는 장치 앞에 늘 노출되어 있다. 당장 지갑 속만 해도 할인받을 수 있다는 '기대심'을 불러일으키는 신용카드가 우리의 측좌핵을 실시간으로 자극한다.

넛슨의 또 다른 실험에서는 사람들의 뇌를 흥분 상태로 만드는 것은 특정한 일이 일어났을 때보다 일어날 가능성이 있을 때가 더 두드러진다고 한다. 우리의 지갑 안에 있는 신용카드는 '할인받을 가능성'을 품고 있기에 뇌를 격정적인 상태로 만든다. 신용카드를 지갑 속에 지닌 채로 격정적인 상태에 휩싸여 대형마트에 가보자. 온갖 제품이 기획코너로 짜여 할인 판매되고 있다. 여기에 시간제한과 같은 전략까지 가미되면 우리는 거의 못 말리는 상태가 되어버린다. 감정이

고조된 상태에서 '지금 사지 않으면' 안 될 것 같은 강박에 내몰린다. 필요와 선호를 생각할 틈도 없이 그 상품은 커다란 카트에 담긴다.

결국 신용카드를 개인의 의지나 소비성향에 따라 합리적으로 통제할 수 있다는 믿음에는 근본적으로 문제가 많음을 알 수 있다. 의지를 갖고 통제하는 것이 전혀 불가능하다고는 할 수 없으나, 그것은 신용카드를 지갑에서 꺼내는 행동을 늦출 수 있을 만큼 실시간으로 고도의 의사결정에 능숙해야 한다. 그러려면 매 순간 우리의 뇌가 충동적으로 변하는 것을 의식적으로 통제해야 하는데 이는 무척 수고스러운 일이다. 게다가 대형 유통업체들의 온갖 과학적인 마케팅 장치가 난무하는 현실에서 우리는 '너무나 자주' 그런 수고를 해야 한다.

## 사람이 합리적이라는 표준경제학은 틀렸다

기존의 표준경제학에서는 사람을 합리적인 존재로 간주한다. 표준경제학이 맞다면, 가령 어떤 상품을 할인 가격으로 구매했더라도 그 상품의 가치는 제값을 주고 구매했을 때와 동일하다고 판단해야 한다. 그러나 우리는 그렇게 합리적으로 판단하지 않는다. 지갑 속 신용카드가 주는 할인에 대한 기대심과 마트에서의 시간제한 할인 기회를 접하고 고조된 감정으로 상품을 구입했지만 정작 제품의 가치는 평가절하한다.

이 또한 행동경제학자들의 실험으로 입증되었다. 고통을 느끼는 집단에게 같은 종류의 진통제를 정가와 할인가로 각각 공급한 실험이 진행되었다. 그 결과 할인된 가격의 진통제를 먹은 사람들의 통증 진정효과가 훨씬 낮게 나타났다고 한다(《완벽한 가격》, 엘렌 레펠 셸, 랜덤하우스코리아, 154쪽). 즉 강박적으로 할인제품을 구매하지만, 정작 그 제품의 질을 의심하면서 소홀히 다루거나 만족을 덜 느끼게 된다는 얘기다.

합리적인 존재라면 이와 같은 비합리적인 행동을 하지 않을 것이다. 그러나 현실에서 우리는 표준경제학에서 이야기하는 것처럼 생각하거나 행동하지 않는다. 오히려 우리 스스로 합리적이라는 믿음 자체가 우리를 더욱 비합리적으로 만들고 있는지도 모른다. 신용카드를 제대로 통제할 수 있다는 믿음, 할인된 제품을 구매하는 것이 똑똑한 소비를 하는 것이라는 믿음, 이런 믿음이 우리를 더 큰 함정으로 밀어 넣는다.

신용카드를 제대로 통제할 수 없다는 것을 처음부터 눈치채고 있었다면 우리는 카드 발급에 좀 더 신중했을 것이다. 또한 할인제품이 우리 뇌 속에 있는 도파민(욕망을 촉진하는 신경전달물질)을 자극한다는 것을 의식했다면 할인제품에 대해 한층 경계심을 품었을 것이다. 표준경제학은 고도로 훈련된 경제적 의사결정 능력을 가진 소수의 사람에게만 유용한 학문이 아닐까 싶다. 흥분해서 할인제품을 구입하고는, 싸게 샀다는 그 이유로 제품의 질을 의심하는 사이 우리 경제는 서서히 멍들어간다.

속을 들여다보면 기업들의 온갖 마케팅은 단순하게 진행되는 것이 아니다. 우리의 뇌를 자극하고 합리적인 의사결정을 가로막기 위해 치밀하게 계획되고 실행된다. 그런 자극으로 불량식품 몇 개 사 먹는 정도에서 그친다면야 문제가 아니겠지만, 현실은 그렇지 않다. 지나친 마케팅은 온갖 문제를 야기하며, 특히 그러한 마케팅이 금융과 결합할 때는 가정경제를 파탄 내는 결과를 초래하기도 한다. 예컨대 주택 마련을 위해 과도한 담보대출을 일으키고도 소비를 조절하지 않고 마이너스통장을 추가로 발급받고, 금융비용이 생활비를 크게 잠식하여 급기야 마이너스통장 한도가 바닥났는데도 카드론을 쓰거나 리볼빙 결제(당월 카드 청구액의 최소액만 결제하고 나머지는 이월시키는 시스템)를 신청하는 사람이 급격히 늘고 있다. 이쯤 되면 우리가 무언가에 집단적으로 홀리지 않았는가를 의심해볼 만하다.

근본적으로 인간에게는 합리적인 의사결정을 내리는 능력이 부족하다면, 이제라도 과도한 마케팅 전략에 대해 사회적 규제가 마련되어야 하지 않을까 생각한다. 그에 앞서 우리 스스로 각자의 의사결정 능력을 의심해봐야 하겠지만 말이다.

# 안 쓰면 손해가 아니라
# 안 쓰면 이득이다

"TV나 냉장고 같은 가전제품을 살 일이 생겼을 때 돈을 어떻게 마련하십니까?"

이런 질문을 하면 대부분 눈을 동그랗게 뜨고 "어떻게라뇨?"라고 반문한다. 카드로 할부구매하는 게 당연한데 뭘 물어보느냐는 뜻이다.

이제 웬만한 목돈 지출은 신용카드 할부로 해결하는 것이 자연스러운 소비 습관이 되었다. 이자 한 푼 없이 할부로 구매할 기회도 흔해서 내 주머니에서 목돈을 꺼내는 불편 따위는 더더욱 어리석은 것으로 여겨지기도 한다.

더구나 현금을 주고 구입하면 지갑에서 돈이 빠져나가지만 신용카드로 구입하면 지갑에서 빠져나가는 것은 아무것도 없다. 즉, 카드 할부구매는 내 주머니에서 당장 돈이 나가지 않기에 공짜로 원하는 것을 가졌다는 짜릿함을 준다. 이때 우리는 '마음속 회계장부'에 할부로 구매한 제품을 '공짜'라고 써넣는다. 평소 지갑에 현금과 신용카드가 둘 다 있어도 현금보다는 신용카드를 쓴 기억이 많을 것이다. 현금을 쓰면 왠지 아깝다는 생각이 들기 때문이다. 이처럼 우리는 일상생활에서 현금과 신용카드를 다르게 인식하고 있다.

## 공짜가 공짜가 아니다

세상에 공짜가 없다는 것을 새삼 느끼기까지는 그리 오랜 시간이 걸리지 않는다. 마음속 장부에 공짜라고 써넣었던 것이 다음 달부터는 할부금이라는 이름으로 돈을 빼가기 때문이다. 그 할부금은 '공짜'로 기입된 마음속 회계장부에 의하면 손실로 인식되고, 이 때문에 할부금을 내는 기간이 유난히 길게 느껴진다. 예를 들어 12개월 할부로 구입했는데 10개월 정도 지난 시점에 신용카드 청구서를 확인했다고 생각해보자. 할부금이 빠져나가는 것을 보면서 '아직도 안 끝났어?'라는 생각을 하게 될 것이다.

이런 이유로 소비를 하고도 불만족스러울 수밖에 없다. 또한, 신용카드로 충동구매를 했다면 얼마 지나지 않아 더 나은 제품을 보면서 후회하게 될 확률이 높다.

반대로 저축을 통해 가전제품을 산다면, 저축기간만큼 소비를 지연해야 한다. 지연하여 실현된 욕구는 충동적으로 실현된 욕구에 비해 만족감이 훨씬 크다. 목표를 달성했다는 성취감도 가질 수 있다.

그러면 적금을 불입하는 동안의 기분은 어떨 것 같은가? 신용카드 할부금을 낼 때와 같은 기분일까? 그리고 지루하다고 생각될까? 그렇지 않을 것이다. 예를 들어 가전제품을 사기 위해 1년 만기 적금을 불입하다가 10개월째에 통장을 확인한다면 '아직도 안 끝났어?'가 아니라 '이제 두 달만 지나면 만기구나'라는 생각이 들 것이다.

이처럼 카드 할부와 적금은 같은 돈이 빠져나가지만 그동안의 기분은 180도 다르다. 저축을 통해 목돈을 마련하여 지출하는 습관은 아무리 낮은 이자율일지라도 금융소득까지 챙길 수 있어 이득이다. 반면 할부로 구입했을 때는 현금흐름이 깨져 마이너스통장이나 약관대출을 끌어다 쓸 확률이 높아진다. 무이자할부라 해도 앞서 얘기했듯 가계저축률이 2퍼센트대인 것을 고려하면 약간의 추가 지출이 발생해도 타격을 입기 때문이다. 만약 1,000만 원짜리 마이너스통장을 20년간 사용한다면 금융비용만 약 1,600만 원(8퍼센트 가정)이 든다. 이는 대학등록금 2년치에 버금가는 돈이다. 이 돈을 20년간 저축했을 때의 기회비용까지 고려하면 그 차이는 훨씬 더 벌어진다.

## 알고도 덥석 무는 신용카드 할인의 미끼

《왜 똑똑한 사람이 어리석은 결정을 내릴까》의 저자 마이클 모부신에 의하면 스스로가 약간의 통제권을 가졌다고 여기는 사람은 자신의 통제 능력을 실제보다 높게 여기는 경향이 있다고 한다. 카드사에서 최고의 전문가들이 복잡하게 설계한 부가서비스와 혜택들을 제대로 챙길 수 있다거나 이미 충분히 챙기고 있다고 믿는 이들이 적지 않다. 그런데 그 혜택들이 알고 보면 필요 이상의 소비를 전제로 하고 있다는 건 자각하지 못한다.

예를 들어 신용카드는 사후 결제 시스템이다. 당장 원하는 것을 구매했지만 지갑에서 나가는 돈은 없다. 당장은 공짜로 원하는 것을 얻고 지불은 한 달 후에 이뤄진다. 당장 남의 손에 넘겨줬어야 할 돈이 한 달 동안 내 통장에 남아 있으니 쥐꼬리만 하나마 이자 수입을 챙길 수도 있다. 심지어 카드사로부터는 할인 혜택과 카드 사용에 따른 포인트 적립까지 챙길 수 있다. 이런 다양한 이점 때문에 신용카드에 대한 사람들의 인식은 '안 쓰면 손해 보는 것'으로 되어 있다. 이런 인식은 손실회피성향을 자극해 신용카드를 더욱 적극적으로 사용하게 만든다.

그렇지만 카드사의 부가서비스와 혜택들은 치밀하게 설계된 미끼일 뿐이다. 그 치밀함에는 사람이 의사결정을 내릴 때, 손실회피성향 탓에 비합리적인 의사결정을 내린다는 점도 충분히 담겨 있다. 신용카드가 아니라 현금으로 소비하면 카드사의 각종 부가서비스와 혜택을 이용하지 못해 손해를 본다는 심리를 이용하는 것이다. 그것은 매우 강력한 마케팅 기법으로 사람들의 소비 동선까지 지배한다.

상담 중 만난 어떤 분이 그 한 예가 된다. 그분은 주유를 할 때 반드시 카드와 연계된 주유소를 이용해야 한다는 강박감을 갖고 있다고 했다. "그래서 한 달 동안 어느 정도의 금액을 할인받으셨나요?"라는 내 질문에 그는 민망하다는 표정으로 "5,000원이요"라고 답했다. 물론 그 카드가 주유비를 할인받는 용도로만 제한적으로 쓰인다면 적은 금액이라도 그런 방식으로 할인받는 것이 문제가 되진 않는다. 다만 그 할인이 미끼가 되어 재정 운영 전반에 문제가 생긴다면, 또는 그 할인을 위해 주유소 이용에 강박감을 느낄 정도라면 할인에 대한 미련을 접어야 하지 않을까?

더욱이 신용카드의 할인 조건은 점점 더 까다로워지고 있다. 불과 10년 전만 해도 신용카드만 있으면 무조건 할인을 해줬다. 그러다가 어느 땐가 전분기 일정 금액 이상 사용이라는 실적 조건이 붙더니 다시 전월 실적 기준으로 강화됐다. 여기에 무이자할부나 세금 등 실적으로 인정하지 않는 항목들도 생겨났다. 그뿐 아니다. 요즘에는 항목별로 할인 한도를 설정해놓아서 일정 금액 이상 할인받지 못하도록 해놓았다. 예를 들어 ○○마트에서 10퍼센트를 할인해준다고 해놓고 한 달 할인 한도액을 5,000원으로 정해놓는 식이다. 그러다 보니 신용카드를 열심히 써도 한 달에 1~2만 원 할인받기가 어려워졌다. 이쯤 되면 카드사 할인 혜택에 대한 집착을 버리는 것이 현명하지 않겠는가.

# 신용카드의 선포인트제도는
# 빚의 다른 이름이다

선포인트제도는 자동차를 살 때 카드를 발급해주는 마케팅을 통해 시작되었다. 이후 점점 보편화되면서 전자제품에까지 확대됐다. 요즘도 전자제품 대리점 입구를 보면 30만 원, 50만 원 등 선포인트로 제품의 가격을 깎아준다는 광고문을 쉽게 볼 수 있다. 가격을 할인해준다는 이야기에 소비자는 신용카드를 새로 발급받는다. 그러나 선포인트 혜택을 받는 순간 일정 기간 매월 일정 금액 이상 그 신용카드를 반드시 써야 하는 의무를 지게 된다. 한마디로 진짜 할인이 아니라 가짜 할인인 셈이다.

김모 씨는 에어컨을 구입하는 과정에서 선포인트제도를 추천받고 에어컨 가격 76만 원 가운데 30만 원을 미리 할인받았다. 다음 달 결제일에 46만 원만 결제하고 그 3개월 후 카드 결제일부터 36개월

간 매달 8,330원이 포인트로 차감된다는 말에 별생각 없이 혜택을 받았다.

그런데 3개월 뒤부터 선포인트 결제액이라는 명목으로 돈이 빠져나가기 시작했다. 고객센터에 물어 자초지종을 듣다 보니 할인 당시 누적된 포인트로 결제하는 것이 아니라 결제일로부터 매월 8,000포인트 이상을 누적해야 하는 것이었다. 김 씨는 "에어컨을 살 때는 포인트 결제라고만 이야기했을 뿐 자세히 안내받지 못했다"며 "할인된다고 해서 이용했는데 현금이 결제되니 왠지 속은 느낌이다"라고 덧붙였다.

공짜로 준다는 내비게이션부터 수십만 원씩 할인해주는 에어컨, TV, 자동차 등 선포인트제도가 활성화되고 있다. 같은 물건을 사더라도 무언가 특별한 혜택이 주어지는 카드가 있다면 고객들은 당연히 그 카드를 이용할 것이다. 사람들의 이런 심리를 100퍼센트 활용한 것이 신용카드 선포인트제도다.

선포인트제도란 물건 구입 시 카드 포인트로 할인을 받고 이후에 할인된 포인트만큼 갚아 나가는 방식이다. 할인폭도 물품 가격에 따라 적게는 30만 원에서 많게는 50만 원을 넘는 일도 있어서 자동차나 TV, 가구 등의 고가품을 구매할 때 유용하게 쓰이고 있다. 내 돈이 아닌 신용카드 포인트로 결제된다고 하니 소비자들은 선뜻 이용하게 된다. 그런데 문제는 기존에 적립된 포인트로 결제하는 것이 아니라 앞으로 누적되는 포인트로 결제된다는 점이다.

## 배보다 배꼽이 더 큰 할인 혜택

선포인트제도를 설명할 때 매장 직원들은 '평소 쓰는 만큼만 쓰면 되니 포인트 적립하기가 쉽다'며 소비자들을 현혹한다. 김 씨도 '한 달에 80만 원 정도는 카드를 쓰니까 문제없을 거야'라는 생각에 결정을 내렸다. 그러나 김 씨는 그동안 한 카드만 가지고 80만 원을 쓰지는 않았다. 신용카드별로 고유한 혜택이 있기에 주유할 때 주로 쓰는 카드와 마트 가서 주로 쓰는 카드가 달랐다. 물건을 구입할 때마다 가지고 있는 카드 중에서 혜택이 있는 카드를 골라 쓸 수 있었지만 앞으로는 선포인트카드만 써야 한다. 선포인트로 할인을 받은 대가로 김 씨는 카드 선택권을 제한당한 것이다.

그리고 지출을 하면서 자연스레 포인트가 쌓이는 것과 포인트 적립을 위해 지출을 하는 것은 의미가 다르다. 포인트로 미리 결제한 만큼 앞으로 매달 일정 금액 이상 써서 포인트로 갚아야 한다. 사례의 김 씨는 3년 동안 매달 8,330원을 포인트로 갚아야 한다. 적립률을 1퍼센트로 가정하면 3년 동안 매달 833,000원을 써야 한다는 얘기다. 포인트로 할인을 받은 것 같지만 사실상 포인트 할부로 구입했다고 봐야 한다.

매달 일정 금액을 결제해야 하는 할부 개념이기에 한 번 선포인트제도를 이용하고 나면 포인트를 갚기 위해 신용카드를 매달 일정 금액 이상은 사용해야 한다. 생활하다 보면 결제액이 많을 때도 있고 적을 때도 있기 마련인데 선포인트제도는 사람들의 지출 패턴을 전혀 배려하지 않는다. 결제액이 많아서 포인트가 많이 발생한 달에는 문제가 없지만 결제액이 적어서 포인트가 적게 발생한 달에는 현금으로 부족한 포인트를 결제해야 한다. 돈을 아끼기 위해서 선포인트 제도를 활용한 것인데, 이 때문에 오히려 매월 일정 금액 이상 꼬박꼬박 써야 하니 신용카드 지출은 자연스레 늘어난다.

### 포인트 적립, 생각처럼 쉽지 않다

선포인트제도를 활용하면서 많은 사람이 간과하는 또 한 가지가 포인트 적립에 관한 것이다. 신용카드 포인트는 카드를 쓴다고 해서 무조건 적립되는 게 아니다. 예컨대 김 씨는 LPG 차량을 이용하고 있었는데 LPG 충전은 적립에서 제외였다.

이처럼 포인트 적립이 되지 않는 가맹점들도 있으며 적립처별로 최대 적립 상한선까지 정해져 있다. 그래서 실제 포인트를 적립하기란 생각처럼 쉽지 않다. 무이자할부나 현금서비스, 공과금 납부도 포인트 적립 대상에서 제외되고 카드가 연체될 경우에도 적립이 되지 않는다. 이런저런 적립 상한선과 적립 제외 대상 등을 고려하면 카드 결제액에서 포인트가 적립되는 금액은 생각하는 것보다 적을 수밖에 없다.

결국 선포인트제도를 제대로 활용하려면 카드사별 포인트 적립 약관을 꼼꼼히 숙지하고 어디가 적립이 많이 되고 얼마 한도까지 적립되는지, 적립 예외 규정이나 적립이 되지 않는 가맹점은 어떤 곳인지 외우고 있어야 한다는 이야기가 된다. 그리고 카드사에서 제시하는 가이드라인대로 소비를 해야 한다. 그동안 집 앞 A주유소를 이용했다 해도 그곳이 적립되는 주유소가 아니라면 적립을 해주는 B주유소를 찾아다녀야 한다. 마트도 카드사에서 포인트 적립을 많이 해주는 곳으로 바꿔야 한다. 즉, 내가 내 돈 쓰면서도 내가 쓰고 싶은 곳에서 쓸 수 없게 된다는 뜻이다.

금융감독원이 발표한 자료를 보면 2010년 기준으로 신용카드 선포인트 잔액은 1조 3,020억 8,500만 원으로 집계됐다. 2007년 말 기준 5,408억 4,600만 원이었으니 3년 새 두 배 이상 증가한 셈이다. 선포인트제도를 이용한 사용자들이 포인트를 채우지 못해 현금으로 결제한 금액도 꾸준히 증가하고 있다. 그만큼 포인트 적립이 생각처럼 쉽지 않다는 뜻이다.

큰 할인폭으로 목돈 지출의 부담을 줄여준다는 선포인트제도지만 따지고 보면 장기 할부 결제와 다를 바가 없다. 장기 할부는 특성상 할부 기간이 끝날 때까지 내내 부담을 느껴야 하지 않는가. 제대로 알아보지도 않고 눈앞의 이익만을 생각하다 자칫 원치도 않는 소비를 해야 해서 현금흐름이 악화되는 사태가 올 수 있다.

그러므로 선포인트제도를 이용하기에 앞서 자신이 할인을 받는 금액과 상환해야 하는 금액을 미리 잘 비교해보아야 한다. 평소 자신의 소비 패턴과 카드 사용규모 등을 확인하고 상환에 무리가 없는지 미리 계산해보는 것도 중요하다. 특히 서비스 약관에 나와 있는 포인트 적립 비율과 상환 조건 등을 꼼꼼히 살펴야 예상치 못한 피해를 막을 수 있다.

  근본적으로 카드 결제는 먼저 쓰고 나중에 갚는 방식이므로 한마디로 빚이라는 점을 생각해야 한다. 그런데도 수많은 신용카드가 우후죽순으로 출시되고 카드사 간의 경쟁도 갈수록 치열해지고 있다. 뒤늦게 후회하지 않으려면 소비자 자신이 눈 똑바로 뜨고 분별력을 갖추어 합리적이고 계획적인 소비를 하는 방법밖에 없다.

# 카드 결제일이 없는
# 월급날을 상상해보라

갚기 위해서 돈을 버는 카드 노예 생활에서 이제는 벗어날 때다. 한 달 동안 열심히 일해서 받는 월급이 이젠 전자 결제 시스템 안에서 내 계좌번호를 한순간 스쳐 지나갈 뿐인 허망한 숫자에 불과하다. 직장에 다니는 목적이 카드사의 연체 고객으로 밀려나지 않기 위한 것이라면 얼마나 서글픈 일인가. 그럼에도 많은 이들이 이처럼 어이없는 현실에 굴복하고 있다. 힘을 내서 상황을 개선하고자 적극적으로 노력하는 모습을 보기가 어려우니 안타까울 뿐이다.

### 돈이란 원래 불편하게 써야 하는 것

신용카드의 무서움은 가차 없는 회수에 있다고 하겠다. 신용에 의

한 결제 수단이라고는 하지만 단 한 달의 연체조차 용납되지 않고, 행여나 실수로 하루 이틀 연체되었을 때에도 어김없이 높은 연체이자가 매겨진다. 신용이라면 믿음이 전제된다는 것이니 연체가 되었다 해도 어느 정도는 그 믿음이 유효해야 하는 것이 아닐까? 그러나 신용카드회사에서는 절대 그렇게 생각하지 않는다. 카드 앞에 붙는 신용이라는 말은 결국 '믿을 만하다'의 사전적 의미를 내포하지 않는다. 그보다는 '반드시 갚는다. 반드시 갚아야만 한다. 무엇보다 카드 결제를 먼저 챙기고 중요시한다'라는 강도 높은 충성을 전제로 한 믿음이다. 당연히 이 깊은 믿음을 연체로 배신하는 것은 용납할 수 없음이 분명하다. 엄청난 이자율은 그 배신에 따른 징벌이라고 카드사는 당당하게 밝히고 있다.

결국 우리는 카드를 통해 사소하고 일상적인 소비를 조금 편리하게 하면서 징벌과 손해배상의 위험을 껴안고 산다. 거기에 그치지 않고 소비의 동선도 철저히 카드의 부가서비스 내용과 맞춰야 할 것 같은 강박에 시달린다. 커피를 한잔 마셔도, 간단한 찬거리를 살 때도, 주유등이 깜빡거려도 우리는 지갑 속에서 우리를 무의식적으로 지배하는 카드의 지시에 따른다. 포인트 적립, 할인, 캐시백 등의 값싼 미끼들이 수백만 원짜리 명품을 사기 위해 카드를 긁을 때의 호기와 다르게 우리를 쪼잔하게 만든다. 나는 재무상담 과정에서 월 2만 원의 할인 혜택을 도저히 포기할 수 없다는 상담자를 자주 만난다. 손해를 보지 않기 위한 인간의 나약한 심리는 신용카드 사용에서도 강력한 마케팅 역할을 한다. 결국 우리는 돈의 노예보다 비참한 신용카드 노예로 살고 있는 것이다.

## 카드 결제 없는 월급날

다음과 같은 상황을 상상해보자.

월급날 가장은 월급봉투를 들고 고민한다. 아이들 옷도 한 벌씩 사줘야 할 텐데, 내년이면 큰아이가 고등학교에 입학해서 교복도 새로 사줘야 하고 입학금도 장만해야 하는데…. 빠듯한 살림살이에도 매월 월급날마다 고민해서 조금씩 떼서 모아온 저축 통장을 들여다보며 어디에 더 많은 금액을 넣어야 하는지 여러 계획을 다시 한 번 꼼꼼히 점검한다. 통장에 조금씩 쌓여 만든 쌈짓돈을 보니 큰돈은 아니지만 왠지 마음이 뿌듯하다. 아직 더 채워 넣어야 하지만 조금씩 채워지는 통장을 보니 열심히 살고 있다는 자부심도 들고 더 열심히 살아야겠다는 다짐도 생긴다. 이렇게 꼭 해야 할 일들을 정리하고 나니 조금 긴장해서 생활비를 쓰면 약간의 돈이 더 생길 것 같아 오래된 TV를 교체할 적금 통장 하나를 더 만들 수 있을 것 같다.

이 모습이 지금의 월급날보다 구질구질해 보이는가? 아마도 대부분은 그런 월급날을 맞이했으면 좋겠다고 생각할 것이다. 당신도 할 수 있다. 신용카드 하나만 정리해도 월급날을 가족과 함께 미래를 꿈꾸고 행복이 시작되는 날로 바꿀 수 있다.

이제는 과감히 지갑에서 카드를 꺼내 잘라야 한다. 만약 당신의 머릿속에 '신용카드 없이 어떻게?'라는 생각이 가장 먼저 떠오른다면 카드 결제 없는 월급날을 상상해보라고 이야기해주고 싶다. 또한 '과연 신용카드를 없앨 수 있을까?'라고 여전히 의문을 갖는다면 여기엔 결단이 필요하다고 강조하고 싶다. 생각을 바꿔야 한다. 신용카드가 없으면 굉장히 불편할 것 같지만, 원래 돈은 불편하게 써야 한다. 돈을 너무 편하게 쓸 수 있으니까 안 모이는 것이다. 신용카드의 편리함이 지출을 방만하게 만들어왔다는 것을 다시 한 번 상기하자. 돈 쓰는 것이 너무 편리해져서 미래의 소득까지 끌어다 쓰는 '가불인생'이 된 것이다. 그 생활이 반복되다 보면 결국 많이 벌고도 가난한 오늘, 가난해서 불편한 내일을 만들 뿐이다.

### 신용카드 없애는 방법

- 불필요한 보험을 정리해보자. 해약환급금을 가지고 밀린 카드대금을 정리할 수 있다.
- 6개월짜리 단기 적금을 단돈 몇만 원짜리라도 수시로 가입하자. 목돈을 지출해야 할 일이 생길 때 신용카드 할부를 이용하고픈 유혹에서 벗어날 수 있다.
- 소득공제는 체크카드나 현금영수증을 사용해도 충분히 받을 수 있다. 체크카드 통장을 급여 통장과 따로 분리해서 만들어두고, 일주일 단위로 생활비를 이체해서 사용하면 한 달 생활비를 월초에 모두 써버리는 일을 막을 수 있다.
- 신용카드를 한 번에 정리하기 어려운 상황이라면 6개월 정도 기간을 정해서 조금씩 신용카드 사용액을 줄여가자. 단, 6개월 이내에 정리되지 않는다면 더 오랜 시간이 지나도 정리되지 않을 확률이 높다. 사고 싶은 거 다 사면서 생활 패턴을 바꿀 수 있다는 생각은 하지 말자.

# 흑자생활로 가는 저축

저축은 모으는 것이 아닌 모아서 쓰는 것이다

현금흐름을 방해하지 않도록 단기 재무목표를 찾아라

금리가 낮아도 예·적금은 기본이다

어렵게 번 돈 푼돈으로 쓰지 마라

# 저축은 모으는 것이 아닌
# 모아서 쓰는 것이다

　은행 금리가 낮아지면서 재테크에 관심을 두는 사람들이 많아졌다. 재테크와 관련된 정보를 접할 때 가장 자주 듣는 애기가 재무목표가 얼마나 중요한가 하는 것이다. 그래서 요즘은 목표를 세워서 저축하는 사람이 많이 늘었다.

　그런데 상담을 하다 보면 많은 이들이 단기 예·적금 없이 연금이나 펀드 등의 중장기 자금만 모으는 것을 알 수 있다. 은행 적금의 금리가 낮은 것도 원인이지만 그보다는 목돈을 모을 때 노후자금이나 주택자금, 자녀 대학등록금 등을 먼저 떠올리기 때문이다. 상당수의 재테크 관련 기사나 책에서도 재무목표에 관해 장기적이면서 추상적인 것만 강조하는 경향이 있다. 은퇴자금이니 자녀 교육비 마련이니 하는 것들도 중요하기는 하다. 그렇지만 지나치게 추상적이고 장기적이어서 목표를 정해놓아도 즐거운 마음이 들지 않는다. 오히려 미래를 위해 현실을 과도하게 희생당하고 있다는 느낌이 들 수도 있다.

장기적인 생애목표도 반드시 수립해야 하지만 그것만으로는 부족하다. 목표를 달성하는 데에도 연습이 필요하다. 단기적이고 구체적인 목표를 정해놓고 달성해가는 즐거움을 경험하지 않는다면 목표를 세웠다가도 중도에 포기하기 십상이다. '목표는 목표일 뿐이지, 내가 그런 목표를 달성할 수 있겠어?' 하면서 좌절하는 것이다.

더구나 저축의 목표가 중장기 자금에만 집중되어 있으니 자연히 단기 적금과는 거리가 생긴다. 저축 목표가 지나치게 장기에만 맞춰져 있다 보니 저축하는 것에도 재미가 없어진다. 저축 하면 '돈 안 쓰고 모으는 것' 정도로만 인식한다. 하지만 저축은 단지 모으는 것이 아니라 '모아서 쓰는 것'이다. 그럼에도 먼 미래를 위한 저축만 하다 보니 모으기만 계속할 뿐 쓰는 기쁨을 누릴 수 없다.

## 단기 저축 없이 장기 저축 어렵다

여기서 동기상태이론이라는 심리학 용어 하나를 짚고 넘어가자. 무언가를 이루기 위해 준비해나가는 과정이 사람에게 더 큰 행복감을 준다는 이론이다. 이 이론에서 중요하다고 보는 것은 목표를 달성할 것이라는 긍정적인 예측, 쉽게 말해서 실현 가능성이다. 동기가 충족될 것이라는 예상이 있어야 즐거운 것이지 그런 예상을 할 수 없다면 과정이 즐거울 리 없다. 저축도 마찬가지다. 예를 들어 내년에 제주도 여행을 가기 위해 10만 원짜리 적금을 들었다고 하자. 그러면 여행 가서 즐겁게 보낼 것을 상상하며 기분 좋게 저축할 수 있을 것이다. 그런데 만약 10억을 모으기 위해 10만 원짜리 적금을 들었다고 가정해보자. 저축이 재미있을까? 그렇지 않을 것이다. 절대 이뤄질 리 없는 목표이기에 저축에 대한 동기부여도 잘 되지 않는다. 어차피 달성하지 못할 것을 알기에 중간에 돈 필요한 일이 생기면 꺼내 써버리기 쉽다.

단기 자금 없이 장기 자금만 모으는 것은 10억을 모으기 위해 10만 원씩 적금을 붓는 것과 다르지 않다. 이와 마찬가지로 사람들은 대개 노후자금이나 주택자금 등 큰 재무목표에 초점을 맞추고 돈을 모으지만, 지금처럼 저축하면 노후가 행복하고 내 집 장만을 꼭 할 수 있으리라고 생각하는 사람은 많지 않다. 자연히 노후자금도, 주택자금도 부실해진다.

물론 잘 모이기만 한다면 다행이다. 하지만 단기 저축 없이 장기 저축만 하면 대부분 모으는 것을 중도에 포기하게 된다. 단기에도 돈 쓸 일은 무수히 많기 때문이다. 단기 저축이 없으니 결국 단기에 필요한 돈은 카드 할부나 마이너스통장 등 빚을 내서 쓰게 되거나 열심히 불입했던 연금을 담보로 약관대출을 받게 된다. 저축을 하면서도 이자를 내야 하는 아이러니한 상황을 지속하다가 그마저도 힘들어지면 해지하고 만다. 결국 단기 저축 없이는 장기 자금도 모을 수 없다는 얘기다. 장기 저축을 시작하기 이전에 단기에 목돈 쓸 일이 무엇이 있는지부터 따져봐야 한다. 단기 저축이 든든해야 장기 저축도 꾸준히 해나갈 수 있다.

## 동기상태이론

동기가 결핍될 것으로 예상할 때보다 동기가 충족될 것으로 예상할 때 사람은 훨씬 더 행복감을 느낀다. 또한 동기가 실현된 상태보다 동기가 실현될 것으로 예상할 때 더 행복감을 느낀다. 쉽게 얘기해서 여행 가기 전날과 여행 갔을 때, 언제가 더 행복한가? 보통은 여행 가기 전날의 행복감이 더 크다. 여행 가기 전날에는 다음 날의 여행에 대해 온갖 즐거운 상상을 하게 되지만, 막상 여행지에 가서는 여행이 현실이 되어 피곤하기도 하고 음식이 입에 안 맞는다거나 마음에 들지 않는 일이 발생하기도 하기 때문이다. 즉 무언가를 이루었을 때보다 무언가를 이루기 위해 준비해나가는 과정이 사람에게 더 큰 행복감을 준다는 이론이다.

# 현금흐름을 방해하지 않도록 단기 재무목표를 찾아라

 단기에 목돈 쓸 일이 있는지 한번 떠올려보자. 무엇이 떠오르는가? 아직도 대학등록금과 주택자금 정도를 생각하는 사람이 많을 것이다. 목돈 하면 천만 원 이상의 큰돈만 생각하기 때문이다. 목돈의 규모를 낮춰야 한다. 예컨대 일시불로 결제하기 부담스러운 금액이 얼마인지 생각해보자. 소득에 따라 다르겠지만 보통의 직장인이라면 50만 원만 넘어가도 지출하기 부담스러울 것이다. 즉, 50만 원 이상의 목돈이 들어갈 일로 무엇이 있을지 생각해보는 것이다.

## 단기 목돈 쓸 일에 먼저 대비하자

 눈높이를 낮추면 단기에 돈 쓸 일은 꽤 많아진다. 전세를 살고 있다면 보증금 인상은 둘째 치고 이사비용부터 생각해봐야 할 테고, 결혼했다면 양가 부모님의 회갑이나 칠순 등도 고려해야 한다. 결혼한 지 10년 정도 됐는데 가전제품을 그대로 쓰고 있다면 가전제품 교체 계획도 세워야 한다. 계획을 세워두지 않으면 결국 이런 것들이 카드할부나 마이너스통장으로 쌓여서 금융비용을 발생시키고 가정의 현금흐름을 악화시킨다.

다음의 예시를 참고해서 5년 이내에 목돈 들어갈 일을 따져보자. 생각보다 많이 나온다.

> **주요 단기 목돈 지출**
> - 이사자금(이사비용, 중개수수료 등)
> - 가구 · 가전 교체비용
> - 자동차 구입비용
> - 부모님의 회갑 · 칠순
> - 결혼 축의금(미혼인 형제가 있는 경우)
> - 자동차보험료, 자동차세, 재산세
> - 여행자금

아직도 목돈 쓸 일이 별로 없다고 생각하진 않을 것이다. 흔히 적금 만기만 되면 가전제품이 고장 나는 등 목돈 쓸 일이 생긴다고들 말한다. 하지만 그게 아니다. 작년에 산 가전제품이 고장 났다면 그냥 A/S만 받으면 된다. 사실 오래됐으니 돈이 들어가는 것이다. 결혼한 지 10년 정도 됐는데 알뜰하게 사느라 가전제품을 한 번도 교체

하지 않았다면 이제 슬슬 고장 날 때가 되었음을 고려해야 한다. 자동차도 마찬가지다. 할부로 산다 해도 전액을 할부로 하는 경우는 많지 않으므로 목돈이 필요하다. 그럼에도 10년이 다 돼가는 차를 끌고 다니면서도 막연히 고장 날 때까지 타겠다고만 생각한다. 언제쯤 고장이 나서 교체해야 할지를 미리 생각해야 한다. 미혼인 형제가 있는 경우도 마찬가지다. 가서 축의금을 달랑 5만 원만 내고 올 것이 아니라면 미리 준비해야 한다. 그래야 결혼할 때 즐겁고도 당당하게 축하해줄 수 있다.

이런 일들을 미리 꼼꼼히 따져보고 준비해야 애초에 세운 저축계획도 지켜나갈 수 있다. 이런 식으로 나열하면 꽤 많은 저축목표를 세울 수 있을 것이다. 물론 이것들을 한꺼번에 시작하려면 그 자체로 가정에 부담이 될 수 있다. 그러니 여러 개의 단기 목표를 적어보고 그 안에서 우선순위를 정해놓자. 그런 다음 시급하고 중요한 것부터 통장을 만들어보자.

### 목표를 작게 쪼개라

미국의 긍정심리학자인 소냐 루보머스키는 목표를 강조하면서 "행복한 사람을 찾아보면 당신은 그들에게서 어떤 프로젝트를 발견하게 될 것이다"라고 했다. 목표는 크든 작든 관계없이 우리 삶에서 하나의 프로젝트다. 어떤 목표를 세워두고 그것에 집중하면 오늘의 불편은 절망이 아니라 목표 달성을 위한 과정으로 인식된다. 여전히 불편하기는 하겠지만, 이유 없이 나만 불편하다는 생각으로 불행해지지 않을 수 있다. 오히려 그 불편을 극복하고 목표를 달성함으로써 목표가 더욱 소중해지고 삶의 보람을 경험하기도 한다. 자신이 삶을 주도하고 있다는 자부심까지 갖게 된다.

목표를 달성하는 연습을 할 때 가장 좋은 방법은 목표를 달성하는 경험, 즉 성공의 경험을 하는 것이다. 이에 관해 소냐 루보머스키는 "아기 걸음마처럼 목표를 작게 쪼개라"고 방법을 알려주었다. 장기 목표, 좀 더 큰 목표들을 달성하기 위해 우리는 자신이 목표를 달성하는 사람이라는 스스로에 대한 믿음을 갖고 있어야 한다. 따라서 단기 목표, 작은 목표들을 세워놓고 의도적으로 실현해나가는 연습이 필요하다.

즉흥적인 지출이 좀 더 편리하고 쉬워 보이며 그것이 부자의 특권처럼 여겨지겠지만 알고 보면 그렇지도 않다. 앞서 얘기한 인간의 쾌락적응 현상 탓에 거기서 얻는 행복이 크지 않은 것이다. 대신 저축을 통해 목표를 달성하는 것은 저축하는 내내 적금 통장을 들여다볼 때마다 행복해지는 일이다. 또한 이 과정을 자녀와 공유하면서 행복을 더 키울 수도 있다.

또한 너무 멀리 있는 목표가 아니라 몇 개월 내에 목표를 달성하는 경험을 하면서 성취감을 얻을 수 있다. 이렇게 단기 목표를 경험하고 나면 목표를 정해 저축을 하는 것에 적극적인 태도를 갖게 된다. 그 과정에서 매 순간의 충동적인 욕구를 자발적으로 통제하는 연습이 이뤄지는데, 이는 기분 좋은 덤이라 하겠다.

## 6개월 만기 적금, 지름신 통장을 만들자

일단 6개월 만기 적금부터 만들어보자. 금액은 각자 정하되, 있어도 그만 없어도 그만인 정도로 한다. 아마 대개는 1만 원에서 10만 원 사이가 될 것이다. 소액의 적금이기에 크게 부담도 되지 않을 것이며 6개월 정도는 생각보다 금방 지나서 만기를 얼른 맞이할 수 있다. 만기가 된 돈은 어떻게 할까? 이 통장을 왜 만들라고 하는지 짐작이 되는가? 6개월 후 만기가 되면 그냥 쓰고 싶은 데 써보는 거다.

이 통장의 이름은 '지름신'이다. 이 통장을 만들길 권유하는 이유는 두 가지다.

첫째, 요즘은 돈을 계속 모으려고만 할 뿐 모은 돈을 어딘가에 마음 놓고 써본 경험은 많지 않다. 솔직히 만기를 맞았다 해도 부담 없는 수준의 6개월짜리 적금이므로 금액은 그다지 크지 않을 것이다. 만약 5만 원씩 6개월을 불입했다면 30만 원 정도다. 이 정도 금액이야 월급에서 써도 되는 돈이다. 하지만 월급에서 떼어 쓰는 30만 원과 적금 타서 쓰는 30만 원은 그 느낌이 다르다. 이 경험을 한번 해보아야 저축이 재미있다는 것을 느끼게 될 테고, 저축이 재밌어야 다른 저축들도 꾸준히 할 수 있게 된다.

둘째는 사람은 계획한 대로만 돈을 쓰고 살 수 없기 때문이다. 충동지출도 하기 마련이다. 그렇다면 무작정 충동지출을 안 하려고 노력하기보다는 충동지출을 해도 괜찮은 구조를 만드는 것이 바람직하다. 매 순간 예산을 세워 계획적인 소비를 하다 보면 때로 갑갑하다는 생각을 할 수 있으므로 가끔의 일탈을 허용하는 것도 좋다. 그래서 이 통장을 개설할 때는 어디에 돈을 쓸지 미리 정하지 않는 것이 좋다. 소액이니 적금을 매달 하나씩 시작할 수도 있다. 그러면 6개월 후부터는 매달 돈 쓰러 다닐 수 있는 구조가 된다.

어느 주부가 상담을 마친 후 실제로 지름신 통장을 만들었다. 통장을 만든 다음, 생활비를 예산보다 적게 쓴 달은 남은 돈을 추가로 입금하기도 했다. 기간은 길지 않게 6개월로 정해놓고 지출하고픈 충동을 참기가 불편할 때마다 지름신 통장을 보면서 위안을 삼았다고 한다. 드디어 6개월 후 통장에는 나름의 목돈이 쌓였다. 그런데 막상 그 돈을 자신을 위해 쓰려니 왠지 아깝다는 생각이 들더란다.

하지만 지름신 통장은 처음부터 쓰기 위해 만든 통장이다. 일단은 무조건 써보는 경험을 하는 것이 중요하다. 적금이 만기가 될 때마다 그 돈을 쓰는 게 아까워 소비를 다시 미루는 것은 절대 바람직하지 않다. 그렇게 하면 돈 욕심이 생겨 결국은 저축의 목적이 숫자에 갇혀버릴 위험이 있기 때문이다.

그 주부는 여러모로 고민하다가 남편에게 선물을 주기로 했다. 남편은 배우자의 지름신 통장 덕에 뜻밖의 선물로 기타를 갖게 되었다. 평소 갖고 싶었지만 선뜻 사지 못했던 것을 선물로 받은 것이다. 남편은 그 뒤 평소보다 귀가가 빨라졌고 행복해한다고 한다. 주부의 지름신 통장은 다시 새로운 작은 이벤트로 가족을 행복하게 하기 위해 쌓여가고 있다. 이제 그 과정에는 지난번보다 더 선명한 행복과 희망이 함께할 것이다.

# 금리가 낮아도
# 예·적금은 기본이다

　글로벌 경기침체의 여파로 저금리 기조가 계속되고 있다. 은행들의 예·적금 금리는 4퍼센트도 되지 않으니 저축해봐야 필요 없다는 이야기를 많이 한다. 그런데 외환위기 이전에는 저축을 하면서 금리가 높으니 낮으니를 크게 따지지 않았다. 물론 그때는 지금과 비교할 수도 없을 만큼 금리가 높기도 했다. 그렇지만 금리를 떠나서 당연히 저축을 해야 한다고 생각했다. 그러나 금융산업이 발달하고 신용사회로 접어들면서 저축을 해야 하는 이유가 줄었다. 돈을 쓰는 방식이 바뀌었기 때문이다.

## 먼저 쓰고 나중에 갚는 구조

신용카드가 대중화되기 전에는 내가 가진 돈의 범위 내에서 써야 했기에 항상 은행 잔고를 신경 써야 했다. 목돈 나갈 일이 있거나 고가의 물건이 갖고 싶을 때는 적금 통장을 만들어 돈을 모아서 쓰는 수밖에 없었다. 그런데 요즘은 신용카드만 있으면 당장 돈이 없어도 손쉽게 해결할 수 있다. 더욱이 마이너스통장이 있으니 카드 결제액이 조금 부족한 것 정도는 금방 메꿀 수가 있다. 마이너스통장만 있으면 부족한 생활비도 걱정 없다.

예전 같으면 다음 학기에 들어갈 자녀의 등록금이나 교재비 등을 미리 따져보고, 오래된 냉장고나 세탁기는 언제 바꾸는 것이 좋을지, 전세 만기가 되면 이사자금은 어떻게 마련할지 등 지출에 대해서 미리 계획하고 우선순위를 정했을 것이다. 하지만 이제는 일이 생기면 그때그때 카드나 마이너스통장을 이용한다. 저축의 동기 자체가 사라진 것이다. 통장 잔액과 상관없이 돈을 쓸 수 있으니 카드 결제일이 아닌 이상 잔액 조회를 할 일이 없다. 내 통장에 얼마의 돈이 들어 있는지조차 잘 모르고, 통장정리도 안 한 지 오래다. 그래서 가끔 통장정리를 하러 은행에 가면 거래 내역이 꽉 차서 아예 새 통장으로 바꿔주는 일이 흔하다.

그렇게 신용카드와 마이너스통장으로 가계를 운영하는 사이 저축률은 2퍼센트대로 떨어져 10년 전과 비교해 10분의 1도 안 되는 상황이 되었고, 상당수의 가정은 미래에 쓸 돈까지 오늘 당겨쓴 탓에 마이너스 현금흐름에서 벗어나지 못하고 있다. 게다가 저금리에는 저축해봤자 물가상승 따져보면 손해라는 생각도 광범위하게 퍼져 있다. 예·적금 금리가 낮아지자 기대수익률이 높은 펀드로 갈아탔지만, 수익률 하락으로 이마저도 중단해버렸다.

저축해봐야 뭐하나 하는 생각에 결국에는 버는 돈뿐만 아니라 미래에 벌게 될 돈까지 다 써버린다. 미래에 돈 쓸 계획을 세워서 차근차근 모아나가도 모자란 마당에 미래에 벌 돈까지 오늘 써버리니 미래는 더욱더 가난해질 수밖에 없다. 돈이란 것은 벌어서 쓰고, 모아서 써야 하는데 요즘은 일단 쓰고 벌어서 갚는다. 먼저 쓰고 나중에 갚는 구조가 되다 보니 결국엔 빚 갚는 인생이 되어버렸다. 퇴직해도 남는 건 자산이 아니라 빚더미일 것이 뻔하기에 직장생활이 즐겁지 않은 것도 당연하다.

## 금리가 아닌 가정의 미래를 보고 저축하라

목돈 지출을 저축이 아닌 신용카드나 마이너스통장으로 해결한다면 그때부터 현금흐름은 악순환의 고리에 들어서게 된다. 가뜩이나 빠듯한 살림에 이자 부담이 가중되고, 늘어난 부담은 다시 생활비를 압박한다. 그래서 또 신용카드와 마이너스통장에 의존할 수밖에 없는 구조로 내몰리는 것이다. 무이자할부라 해도 마찬가지다. 할부금을 결제해야 하는 탓에 매월 고정지출이 늘어나고, 결국엔 생활비가 부족해서 마이너스통장에 손을 댈 수밖에 없다. 현금흐름이 악화되니 심리적으로도 불안해진다. 매달 돈을 벌고 쓰지만 모이는 것이 없다는 생각에 돈에 대해서 조급해진다.

이제는 그런 악순환에서 벗어나자. 그러려면 저축의 기본 개념부터 다시 생각해봐야 한다. 저축은 이자놀이를 하기 위해서, 큰 부자가 되기 위해서 하는 것이 아니다. 미래에 꼭 써야 할 돈을 준비하는 것이다. 그래서 저축의 효과는 단순히 돈이 모여서 많아지는 것에 있지 않다. 저축의 효용성에 대해 하나하나 살펴보자.

**첫째, 가계 재정을 안정시키는 기본 축이 되어 현금흐름을 선순환시킨다**

막연한 저축이 아니라 계획적인 저축, 즉 목표의식이 뚜렷하고 재정계획과 들어맞는 저축을 하면 현금흐름이 균형을 되찾는다. 매월 현금흐름의 균형이 깨져 마이너스통장을 쓰는 가정이 상당하다. 그런 상황에서 할부금까지 더해지면 부채로 할부금을 갚는 것이니 빚으로 빚을 갚는 셈이다. 결국 할부금을 갚기 위해 마이너스통장의 비싼 금융비용을 지출해야 한다.

반대로 저축을 통한 목돈 소비가 지속적으로 이뤄지면 마이너스통장을 사용함으로써 물어야 하는 금융비용을 오히려 금융소득으로 챙길 수 있다. 그것이 아무리 적은 이자율일지라도 마다할 이유가 있겠는가?

또한 저축을 하면 자신의 미래에 대해서 예측하고 준비할 수 있다. 미리 계획하고 차근차근 모아나가는 과정에서 돈에 대한 불안감이 줄어들어 심리적으로도 상당히 안정된다. 그뿐 아니라 돈은 더욱 넉

넉하게 쓴다. 오늘 필요한 돈은 그동안 저축해놓은 돈으로 쓰고, 버는 돈은 다시 미래를 위해서 저축하는 선순환구조가 되어 소득에 비해 훨씬 여유 있는 생활을 하게 된다.

### 둘째, 소비 지연을 통해 합리적 소비를 가능하게 한다

즉흥적 소비를 위해 지출하는 것이 아니라 저축을 통해 미래 소비를 계획하기에 소비 지연이 이뤄진다. 소비를 지연하면 소비 내용을 자신의 라이프스타일에 맞출 수 있으므로 시행착오를 줄일 수 있다. 충동적인 소비는 주로 미디어를 통해 조작된 욕망일 가능성이 크다. 소비자들 스스로의 필요와 욕구를 제대로 반영한 것이 아니라 유행과 트렌드를 좇게 하여 욕구를 순간적으로 강하게 유도해낸 것일 수도 있다는 말이다. 이런 욕구로 소비를 한다면 분명히 후회하게 된다. 예를 들어 광고나 드라마 속에서 빛나던 냉장고가 막상 우리 부엌에는 어울리지 않아 사놓고도 오히려 짜증스럽기만 할 수도 있다.

### 셋째, 심리적 만족을 극대화한다

신용카드를 통한 할부 소비와 저축을 통한 목돈 소비는 심리적 만족에서 크게 엇갈린다. 할부금을 갚아나갈 때는 할부 잔액이 지겹도록 줄지 않는 것 같았는데, 반대로 저축은 생각보다 빨리 쌓여간다고 느껴진다. 이런 느낌은 단지 우연한 것이 아니라 행동경제학에서 이야기하는 손실회피성향으로 설명할 수 있는 보편적인 현상이다.

행동경제학에서는 사람들이 대체로 최종적으로 가지게 되는 부의 수준보다 이익과 손실의 실현을 평가하는 단계에서 만족감을 더욱 크게 느낀다는 것을 실험을 통해 입증했다. 즉, 부의 절대 수준보다는 그 변화(증가 혹은 감소)에 더 민감하게 반응하는데 이익을 보는 것보다 손실을 보는 것을 더 싫어하며, 같은 크기의 손실은 그만한 크기의 이익보다 더 크게 느낀다는 것이다. 그래서 이미 소유한 소비재의 할부금을 매월 갚는 것은 손실로 여기고, 반대로 저축을 통한 소유는 이익으로 여겨 같은 물건을 소유하고도 다른 만족감을 경험하게 된다는 것이다. 당연히 할부 잔액은 쉽게 줄지 않지만 소비를 목표로 한 저축액은 더 즐겁게 쌓이게 되는 것이다.

또한 만기가 된 저축을 가지고 돈을 쓸 때와 신용카드 할부로 돈을 쓸 때의 기분은 다를 수밖에 없다. 예를 들어 만기가 된 적금으로 여행을 간다면 그간 열심히 모은 돈에 대한 보상과 성취감을 느낄 수 있고 다녀와서도 여행의 기억이 즐겁게 느껴진다. 하지만 신용카드 할부로 여행을 간다면 여행 당시에는 즐거울지 모르지만 돌아와서부터 카드 결제 때문에 할부기간 내내 골머리를 앓는다. 이처럼 어떻게 썼느냐에 따라 똑같은 돈을 쓰고도 쓰고 난 후의 만족감은 확연히 차이가 난다.

그래서 저축은 금리를 보고 하는 것이 아니라 가정의 미래를 보고 해야 하는 것이다. 작은 일상에 대해서 예측하고 준비하는 과정을 통해 미래의 재무위험을 통제할 수 있을 때 돈 버는 즐거움과 돈 쓰는 즐거움을 느끼게 될 것이다.

# 어렵게 번 돈
# 푼돈으로 쓰지 마라

저축은 어렵게 번 돈을 푼돈으로 쓰지 않기 위해서 필요한 것이다. 상담을 통해 사람들의 소비 내용을 평가해보면 실제 쓰지 않아도 되는 불필요한 지출을 통제하지 않아 새나가는 돈이 적지 않다. 공과금부터 식비, 통신비, 문화생활비나 의류비 등의 소비 내역 전반이 계획과 평가 없이 주먹구구식으로 이뤄지면서 돈이 그냥 버려지듯 빠져나간다. 문제는 새나가는 각각의 적은 돈이 종류가 많다 보니 합산해보면 큰돈이 되어버린다는 사실이다. 조금만 노력하고 체계적으로 돈을 쓴다면 하나하나가 저축의 재원이 되었을 것이다.

현실이 이러함에도 많은 이들이 적은 돈 아끼는 것을 쫀쫀하거나 구질구질하다고 생각하곤 한다. 쉽게 큰돈을 버는 비법이 있을 것이란 착각 때문이다. 세상에 그런 비법은 존재하지 않는다. 그 사실을 전제로 했을 때, 결과적으로 우리는 한 달을 치열하고 성실하게 일해서 받은 돈을 허탈하게 그냥 내다 버리면서 살고 있는 것이나 다름없다.

푼돈으로 돈을 버리듯 쓰지 않고 좀 더 소중하게 쓰고, 중요한 재무사건을 앞두고 돈에 쫓기지 않기 위해서 저축이 필요한 것이다. 즉, 차근차근 모아서 소중하고 중요한 것에 목돈으로 쓰는 것이 저축의 목적이다.

### 저축 잘하는 방법

저축을 하는 데도 요령이 있다. 그간 소비에만 익숙했던 사람이라면 다음 사항들을 잘 읽고 저축하는 습관을 익혀보자.

첫째, 적금은 10만 원 이하도 가능하다. 적금의 최저 가입금액은 일반적으로 1,000원이다. 큰 금액을 하려 하지 말고 2~3만 원짜리 6개월 만기 통장부터 만들자. 그런 다음 만기에 찾아 돈 쓰는 재미를 누려보자. 저축해서 돈 쓰는 재미를 느껴봐야 좀 더 큰 액수로 길게 하는 저축도 가능해진다.

둘째, 예·적금 가입할 때 굳이 은행에 가지 않아도 된다. 웬만한 예·적금은 인터넷 뱅킹으로도 가입할 수 있고, 인터넷으로 가입하면 우대금리도 받을 수 있다. 인터넷상에서 계좌 별명을 입력할 수도 있으니 활용해보자. '자동차 교체', '신 나는 여행', '지름신 통장' 이런 식으로 저축 목적에 따라 계좌마다 별명을 지어두면 관리하기도 편하다. 인터넷 뱅킹에 로그인했을 때 그냥 '정기예금 ○○○만 원' 이렇게 되어 있는 것보다 '신 나는 여행 ○○만 원', '지름신 ○○만 원', '가전제품 교체 ○○만 원' 하는 별명을 보게 된다고 생각해보라. 필요한 돈이 모이고 있다는 생각에 기대감이 높아지고 심리적으로도 훨씬 안정된다.

셋째, 1퍼센트 높은 금리 찾느라 군이 멀리 있는 은행을 찾아가기보다는 가깝고 편리한 은행을 선택하자. 장기 상품과 달리 단기 목적의 적금에서 1퍼센트의 금리 차이는 별로 크지 않다. 멀어서 불편한 은행인데 금리만 보고 갔다가 만기 때 택시 타고 가서 찾아오는 우를 범하지 말자. 또 불편하면 저축 자체를 멀리하게 될 수도 있다.

넷째, 세금우대나 조합원비과세 등을 활용하자. 세금우대는 1인당 1,000만 원, 조합원비과세는 신협·새마을금고 등에서 1인당 3,000만 원까지 가능하다. 부부 합산하면 이것만으로도 8,000만 원까지 은행이자에 대해 절세 혜택을 누릴 수 있다.

다섯째, 적금에도 복리상품이 있다. 주요 은행에서는 월복리 적금을 판매하고 있으니 확인해서 가입하자. 다만 은행마다 불입금액이나 만기 등에 차이가 있으므로 자금의 사용시기와 맞는지 확인해야 한다.

여섯째, 새로 출시되는 재형저축은 연간 1,200만 원까지 비과세 혜택이 있긴 하지만 7년 이상 가입해야 한다는 점에 유의하자. 단기에 목돈을 지출하고자 하는 목적을 고려하지 않고 금리나 세금 혜택만 보고 지나치게 많은 금액을 설정하면 빚이 생길 우려가 있다.

일곱째, 목돈을 마음 편하게 넣어둘 수 있는 곳은 우체국이다. 우체국은 정부기관이기에 다른 어떤 금융회사보다 안전하다. 예금자 보호와 상관없이 맘 편하게 목돈을 맡겨두고 싶다면 우체국을 이용해보자.

돈이란 한정된 자원이다. 언제부턴가 재테크가 유행하면서 돈이 어디선가 무한정 솟아날 수도 있다는 환상이 생겨났다. 하지만 돈이란 그렇게 쉽게 생기거나 무한정 생길 수 없고, 그래서도 안 되는 것이다. 결과적으로 모든 사람에게 돈은 인간의 욕망에 비해 한정된 자원이기에 선택과 집중이 필요하다. 될 수 있으면 불필요하고, 중요하지 않고, 소중하지 않은 것에 돈이 새나가지 않도록 일상적인 의사결정을 지혜롭게 하는 것이 필요하다.

집 안 여기저기 사용하지 않는 전기 플러그로 돈이 새나가고, 먹지 않는 식재료들이 냉장고에서 썩어나가며, 몇 년째 쓰지도 않는 것들을 사서 쌓아두느라 돈이 새나가도록 방치해서는 안 된다. 중요한 것에 제대로 쓰기 위해 푼돈을 아껴 목돈을 만드는 저축의 의미를 다시 생각해봐야 한다.

# 흑자생활로 가는 보험

노후자금 10억이란 말은 교묘한 숫자놀음일 뿐이다

저축 들러 갔다가 보험 들고 오는 사람들

미래가 불안해서 못 줄이고 돈이 아까워서 못 줄인다

좋은 상품이 아닌 필요 여부를 따져라

노후가 불안할수록 사회보험은 필수다

# 노후자금 10억이란 말은
# 교묘한 숫자놀음일 뿐이다

"앞으로 몇 살까지 살게 될까요?"

"몇 살까지 살고 싶으세요?"

위 두 질문에 대한 당신의 대답은 무엇인가?

첫 번째 질문에 대해서는 쉽게 100세라는 대답을 들을 수 있다. 하지만 두 번째 질문을 100세까지 살고 싶으냐고 바꿔 하면 다들 고개를 절레절레 흔든다. 대부분 100세가 아니라 70세나 80세까지 살고 싶다고 이야기한다. 한국인의 평균 수명이 남성 77.3세, 여성 84.0세(유엔인구기금 2012 세계인구 현황 보고서 한국어판)인 것을 고려하면 평균만큼도 살기 싫어한다는 뜻이다. 앞으로 오래 살게 되리라는 것은 다들 알고 있지만, 오래 살고 싶지는 않은 것이다.

## 오래 사는 걸 두려워하는 이유

오래 사는 것은 원래 인간의 기본적인 욕구다. 오래 살기 위해 불로초를 찾아다닌 사람도 있지 않은가. 하지만 지금은 많은 사람이 오래 사는 걸 두려워한다. 자신의 노후를 상상했을 때 긍정적인 이미지가 그려지지 않기 때문이다.

이유는 간단하다. "노후자금으로 얼마가 필요하다고 알고 계시나요?"라는 질문을 하나 더 던져보면 "10억 원이요"라는 대답을 쉽게 들을 수 있다. 4~5억 원 정도 이야기하는 사람도 있지만 어찌 됐든 노후에 최소 수억 원의 자금이 필요하다고 여기는 셈이다.

그런데 이만한 돈을 준비하고 있는 사람은 거의 없다. 통계청의 2010년 가계 금융조사를 보면 베이비붐 세대(1955~1963년생)의 금융자산은 평균 5,422만 원이다. 부동산 등 기타 자산을 모두 포함해도 총자산은 3억 2,995만 원에 불과하다. 문제는 이 금액이 평균이라는 것이다. 자산의 상당수가 상위 계층에 몰려 있음을 고려하면 많은 가정이 자산을 거의 소유하고 있지 못하다는 것을 쉽게 생각할 수 있다.

더욱이 가계부채가 1,000조 원에 달할 만큼 전 국민이 빚더미에 앉아 있어 단돈 10만 원 저축하기도 어려운 상황이기에 노후자금으로만 10억 원을 준비할 수 있는 사람은 극소수에 불과하다. 노후에 큰돈이 필요하다는데, 그만한 준비는 못하고 있고 노후를 그려보면 부정적인 생각이 들 수밖에 없다.

자연스레 버는 돈만으로는 안 된다는 생각을 하게 되고 재테크로

〈연령대별 보유자산 규모와 베이비붐 세대의 평균자산〉

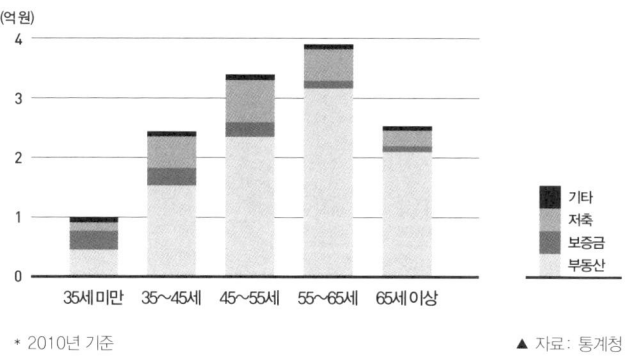

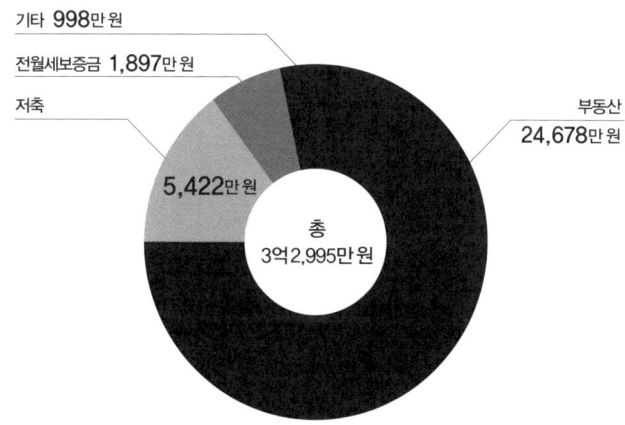

대박을 챙겨야 한다는 투자강박증까지 생긴다. 하지만 투자를 해도 결과는 시원찮다. 남들은 주식이다 부동산이다 쉽게 버는 것 같은데 나만 한없이 가난해지는 느낌이다. 수천만 원, 또는 억 단위 이상의 돈을 모아도 왠지 부족한 것만 같은 느낌을 지울 수 없다. 노후 불안은 주택 문제, 자녀 교육비 문제와 함께 돈 걱정을 하게 하는 주원인 중 하나가 되었다.

가끔 TV에 나오는 쪽방촌 어르신들의 추레한 모습도 불안을 부추기는 데 한몫한다. 할머니, 할아버지들은 드라마에서조차 늘 뒷방 노인네로만 나와 그다지 행복해 보이지 않는다. 오래 살고 싶다는 생각을 하려야 할 수가 없다. 노후생활 하면 밥도 제대로 못 먹고 힘들게 하루하루 살아가는 모습이 그려지다 보니 노후에 대해서는 자연히 부정적인 느낌만 든다.

오래오래 행복하게 살 수만 있다면 오래 사는 것을 싫어할 이유가 없다. 그러니 알고 보면 오래 사는 것 자체가 싫은 것이 아니라 돈 없이 노후를 보낼 것이 두려운 것이다. 밥 먹을 돈이 없어서 전전긍긍해야 할 것 같고 병원비도 없어서 제대로 치료도 못 받을 것 같은 불안함이 많은 사람의 머릿속을 지배하고 있다.

## 노후준비, 금융상품 가입하면 해결될까?

노후자금으로 10억 원이라는 큰돈이 필요하다는 이야기는 주로 금융사 혹은 금융사를 계열사로 둔 경제연구소들에서 나온다. 그들은 호화롭게 살거나 사치를 누리기 위해서가 아니라 밥만 먹고 살려 해도 이 정도의 돈이 필요하다고 한다. 이전처럼 자녀를 많이 두지 않아 자녀의 부양을 기대할 수 없기에 지금 당장 노후준비를 시작하지 않으면 비참한 노후를 보내게 된다는 것이다.

재무상담이나 언론을 통해서 이런 이야기를 접하면 대다수의 사람은 노후자금에 대해 공포심마저 갖게 된다. 하나HSBC생명이 2009년 아시아 7개국을 대상으로 한 설문조사에 따르면, 한국인들은 재무계획에서 가장 두려운 위협요소로 61퍼센트가 노후자금 부족이라고 응답했다고 한다. 이러한 불안감은 자연스레 연금상품 가입으로 이어져 금융사들은 금융상품 판매 증진에 효과를 톡톡히 봤다.

노후에 어마어마한 돈이 필요하다는 말에 조급한 맘이 들어 일단 노후자금을 준비하기 위한 상품에 가입은 했지만 기분은 썩 유쾌하지 않다. 큰돈이 필요하니 적은 돈으로라도 하루빨리 시작하고 나중에 늘려가면 된다고는 하지만, 앞으로 저축액이 줄었으면 줄었지 늘어날 것이라는 생각은 별로 안 든다. 아무리 모아도 안 될 것이라는 생각에 노후준비는 어느 틈엔가 자연스레 소홀해진다. '나중에 어떻게든 되겠지' 하고 생각해버린다.

그런데 금융회사들이 이야기하는 노후자금 10억은 굉장히 과장된 금액이다. 60세 이후에 필요한 돈을 일시금으로 계산하고 수십 년간의 물가상승률을 복리로 한꺼번에 적용한 것이다. 그러니 당연히 엄청나게 큰돈이 필요한 것처럼 느껴질 수밖에 없다. 금융회사들이 이야기하는 노후자금은 실질가치를 반영한 것이지만 사람들은 그 금액을 명목가치로 금액을 받아들인다. 금전에 대해서 실질가치가 아닌 명목가치로 판단하는 것을 화폐착각이라 하는데, 이러한 점을 잘 알면서도 금융사들은 교묘히 활용하는 것이다.

### 화폐착각

화폐가치에는 명목가치와 실질가치가 있다. 명목가치는 화폐금액 그대로의 가치를 이야기하고 실질가치는 물가상승을 고려한 가치를 이야기한다. 예를 들어 연봉이 1,000만 원이었는데 100만 원이 올라서 1,100만 원이 되었다면 명목가치로 10퍼센트 상승한 것이다. 그런데 물가가 5퍼센트 올랐다면 실질가치로는 5퍼센트 상승한 것이다. 화폐가치는 물가상승 때문에 계속 변하는데, 이를 고려하지 않고 실질가치가 아닌 명목가치로만 판단하는 것을 화폐착각이라고 한다.

## 노후에 필요한 돈은 10억이 아니다

금융회사들은 노후준비의 필요성을 강조할 때는 미래 필요자금을 일시금으로 환산하고 실질가치로 변환해서 앞으로 엄청나게 큰돈이 필요할 것처럼 과장한다. 하지만 연금상품 등에 가입할 때 얻게 되는 이익을 설명할 때는 10~20년 후의 복리효과로 돈의 명목가치가 불어나는 것만 강조할 뿐 물가상승 탓에 돈의 실질가치가 하락하는 것은 언급하지 않는다.

노후자금에 대해서 찬찬히 따져보자. 상식적으로도 알 수 있듯이 은퇴한다고 해서 당장 일시금으로 10억이 필요한 것이 아니다. 은퇴 후에도 여전히 한 달 한 달의 생활비가 필요할 뿐이다. 노후에 한 달 생활비가 얼마 정도 들 것으로 생각하는가? 막연히 200만 원, 300만 원이라고 생각하면 곤란하다. 보통 은퇴 후 월 생활비 하면 은퇴 전 생활비의 70~80퍼센트 수준을 이야기한다. 하지만 실제로 가계부를 한번 들여다보자.

자녀가 독립한 이후 부부 둘이서 생활한다면 그 정도로 많은 돈이 필요하진 않다. 지금 가정의 지출 내역을 쭉 적어보고 그중에서 자녀와 관련된 지출을 모두 제거해보자. 교육비와 용돈만 빠지는 것이 아니다. 아마 밥을 먹어도 자녀가 더 먹을 테고, 자녀가 있으니 넓은 집에 살아야 해서 이 때문에 관리비도 늘어난다. 외식비, 통신비, 의료비, 문화생활비, 의류비 등 대부분의 지출이 자녀와 관련되어 있을 것이다. 여기에 보험료, 대출이자 등도 빠진다. 부부 둘이서 먹고사는 데는 그다지 큰돈이 필요하지 않다.

노후에 의료비가 많이 들어갈 것이라고 하지만 중증 질환에 걸려서 매달 꼬박꼬박 의료비 지출을 하지 않는 한 전체 지출에서 의료비가 차지하는 비중은 높지 않다. 물론 중증 질환에 걸려 의료비가 나갈 것에 대비해야 하겠지만 이 시기는 노후 40년을 생각하면 일부 기간에 지나지 않는다.

**노후자금, 수입과 지출 흐름부터 따져보자**

노후자금을 설계한다 해서 무작정 연금부터 가입할 것이 아니라 자신의 퇴직 후 최소한의 기대소득(국민연금, 퇴직연금, 노령연금 등)과 필요지출을 먼저 따져보아야 한다. 그래서 돈이 충분한지 부족한지를 보고, 부족하다면 부족한 자금을 충당하는 방향으로 설계해야 한다.

예를 들어 퇴직할 시기에는 자녀가 몇 살이 되는지 생각해보자. 상당수의 사람이 60세 이전에 퇴직하는데 퇴직 시기에 자녀가 아직 학업을 마치지 못한 경우가 많다. 즉 당분간 소득은 줄어드는데 지출은 늘어날 것이다. 이때의 부족자금을 준비해야 하는데, 이 부족자금은 자녀 교육으로 인한 것이기에 일정 기간만 자금이 부족하다는 점에 주목해야 한다. 그렇다면 종신 지급되는 연금보다는 일반 적금이나 펀드가 상대적으로 유리할 것이다.

70~80세 이후에는 중증 질환에 걸려 의료비 지출로 인한 적자구간이 생길 수 있다. 의료비는 일시에 목돈이 들어갈 수 있으므로 이 역시 연금상품보다는 적금이나 펀드 등을 통해 일정 정도의 자금을 만들어놓는 것이 좋은 방법이다. 특히 20~30년 이후의 노후의료비는 현재 가입하는 보험에서 보장이 안 되는 항목이 발생할 수 있으므로 별도의 의료비 통장을 통해 준비하는 것이 중요하다. 이런 식으로 노후의 소득과 지출 흐름을 따져보고 자금이 부족한 시기를 대비하는 방향으로 자금설계를 해야 한다.

**국민연금을 확인해보자**

다음으로 자신의 퇴직 후 국민연금 예상수령액을 확인해보자. 국민연금관리공단의 자료에 따르면 20년 이상의 가입자에게 주어지는 완전 노령연금 평균은 77만 원이다. 가입 기간이나 소득 수준에 따라 차이가 난다. 2010년 수급자 상황을 보면 최저액은 30만 원, 최고액은 125만 원이었다. 이 금액은 매년 물가상승을 반영해서 올라간다. 여기에 소득, 재산 기준으로 하위 70퍼센트의 사람들은 약 10만 원가량의 기초노령연금을 받게 된다. 이 정도면 조금 빠듯하게 느껴질 수도 있겠지만 부부가 밥을 굶어야 할 정도로 야박한 금액은 아닐 것이다. 여기에 약간의 저축만 더해진다면 조금 더 여유 있는 삶을 살 수 있다. 다시 말해 10억이 있어야만 편안한 노후가 되는 것은 아니라는 얘기다.

## 노후 준비, 돈이 전부가 아니다

노후를 생각할 때 중요한 문제는 단순히 돈이 아니다. 지금 평균 수명이 80세라는 것은 30~40대 조기사망을 포함해서 80세이니 상당수의 노인은 80세를 훨씬 넘어서까지 살게 된다. 실제로 지금 60~70대 어르신들의 상당수는 활동하는 데 큰 어려움이 없다. 우스갯소리로 경로당에 가면 60대가 마당을 쓸고 70대가 걸레질하고 80대는 휴지통을 비운다는 말을 할 정도다.

평균 수명이 해마다 0.4세가량 늘어나는 추세인 것을 고려하면 평균 수명 100세 시대도 머지않았다. 100세 시대에는 60세에 퇴직을 해도 40년이라는 시간이 남는다. 그리고 그때는 100세가 아닌 120세까지 살게 될 수도 있다는 것을 생각해야 한다. 120세까지 산다고 하면 퇴직 후에도 60년을 더 살아야 한다. 퇴직하고도 인생의 절반이 남아 있는 것이다.

많은 사람이 퇴직 후 일을 하지 않고 놀면서 사는 것을 꿈꾸지만 조금만 구체적으로 생각해본다면 그 생각은 금세 바뀔 것이다. 상담을 할 때 노후에 하고 싶은 일이 무엇이냐고 물으면 '여행'이라고 답하는 사람이 많다. 하지만 40년 동안의 여행은 너무 길다. 아마 여행을 다니는 것도 1년에 한두 번일 것이다. 결국 대부분의 날은 집에서 생활하게 된다. 아침에 일어나서 약수터 다녀오고, 내려와서 아침 먹고, 아침 드라마 보고 방 청소하고, 그러면 점심시간이다. 다시 밥 먹고 졸리면 한숨 자고, 일어나서 외출한다. 저녁은 지인들과 술 한잔하면서 해결하고 밤에는 집에 와서 드라마를 본다. 그리고 졸리면 잔다. 이 생활을 40년 이상 해야 한다는 의미다. 과연 이런 삶을 원하는 사람이 있을까?

수명이 짧았던 시기에는 퇴직 후 생존기간이 길지 않았기에 그간의 삶을 정리하면서 여생을 보낼 수 있었다. 하지만 100세 수명 시대에 노후는 더는 여생이 아니라 반평생이다. 40년이면 유치원부터 다시 다니더라도 뭘 하든 할 수 있는 기간이다. 인생의 반을 죽을 날만 기다리며 하루하루 낙엽 태우듯이 살고 싶지 않다면 노후에 하고 싶은 일을 미리 생각해보는 것이 필요하다. 60세 이후에도 할 수 있는 일을 고민해야 한다.

사람에게는 소유욕과 존재욕이 동시에 존재하는데 진정 행복해지길 원한다면 소유욕이 아닌 존재욕을 추구해야 한다. 많이 가져서 행복한 것이 아니라 자신의 존재가치를 인정받음으로써 행복한 것이기 때문이다. 스웨덴 교과서에는 존재욕을 희생하여 소유욕을 채우려 한다면 병든 사회라고 가르친다. 그런데 지금의 우리 사회는 상당수의 사람이 소유욕을 채우고자 허겁지겁 살아가고 있다. 노후 문제 역시 삶의 문제로 접근하지 않고 돈의 문제로 접근하다 보니 아무리 준비해도 부족해 보이고 불안하기만 하다. 적지 않은 돈을 벌고 있고 잘 쓰고 잘 모으고 있음에도 정작 존재욕을 채우지 못하기에 마시면 마실수록 갈증만 더하는 바닷물처럼 아무리 쥐고 있어도 행복하지 않다. 따라서 자신이 진정 좋아하고 원하는 것이 무엇인지를 찾아 존재욕을 충족시킬 방도를 마련해야 한다.

요즘 같은 청년실업, 조기퇴직 시대에 노후에도 일을 하는 '앙코르 커리어'가 가능하냐고 반문할 수도 있다. 하지만 10억 원을 만들기 위해 빚내서까지 재테크를 해야 한다는 것에 비하면 훨씬 현실적인 이야기다. 《앙코르》의 저자 마크 프리드먼은 여론 조사를 통해 미국에서 노인 근로자들은 이미 앙코르 커리어를 훌륭히 수행해내고 있다는 결과를 보여주었다. 또한 노후에는 젊은 시절의 대기업 입사처럼 좁은 문의 취업 전쟁에 뛰어들 필요가 없다. 자녀의 경제적 독립으로 돈을 많이 벌 필요가 없기 때문이다.

금융회사에서 노후 필요자금으로 이야기하는 수십억 원도 실상은 매월 생활자금으로 쪼개 환산해보면 100만 원 수준밖에 안 되는 금액이다. 두고두고 필요한 돈을 한꺼번에 쌓아놓고 매월 조금씩 꺼내 쓰라는 그들의 조언은, 속을 잘 들여다보면 대단히 황당한 이야기에 지나지 않는다.

고령화 시대를 앞둔 지금, 당신은 어떤 선택을 하겠는가? 일하지 않는 미래를 꿈꾸며 아슬아슬한 재테크와 과도한 보험료에 시달리는 현실을 택할 것인가, 아니면 일하는 자유를 위한 희망의 노후준비를 할 것인가.

# 저축 들러 갔다가
# 보험 들고 오는 사람들

"적금 하나 가입하러 왔는데요."
"네, 고객님. 요즘 금리가 낮은 거 알고 계시죠? 이번에 새로 나온 상품이 있는데요. 일반 적금보다 금리도 높고, 심지어 요새는 복리상품이 거의 없는데도 복리로 나온 상품이에요. 게다가 10년 이상 유지하시면 비과세까지 되는 복리비과세상품이랍니다."

은행 창구에서 흔히 볼 수 있는 광경이다. 최근 몇 년 사이 저축상품에 가입하러 은행에 가본 사람이라면 한두 번쯤은 이와 비슷한 이야기를 들어봤을 것이다. B씨 역시 마찬가지다. 은행에 저축하러 갔다가 은행 직원의 권유로 10년짜리 복리비과세상품에 가입하고 왔다.
은행직원은 '저금리 시대에 목돈 만들기가 쉽지 않다', '장기주택 마련저축 같은 비과세상품은 없어지고 있다'면서 마지막 남은 복리비과세상품이라고 설명했다고 한다. 은행에서 일반 저축상품과 복리비과세상품의 만기 금액을 비교해주는 비교표까지 보여주며 일반 저축상품보다 수익이 큰 상품이라고 설명해서 별다른 의심 없이 가입 신청서를 작성했다. 하지만 B씨가 가입한 상품은 일반 저축상품이 아니라 엄연한 보험상품이었다. 저축을 하러 갔다가 보험에 가입하고 왔지만 B씨는 본인이 가입한 상품이 보험인지조차 모르고 있었다.

## 보험회사보다 더 많은 보험을 파는 은행

이런 일이 가능해진 것은 방카슈랑스제도 때문이다. 방카슈랑스는 은행banque과 보험assurance의 합성어로 말 그대로 은행과 보험회사가 연계하는 제도다. 우리나라에는 2003년에 도입됐다. 방카슈랑스제도가 도입되면서 은행뿐만 아니라 저축은행, 증권사와 같은 금융회사들도 보험을 판매할 수 있게 됐다.

보험 판매가 가능해지자 은행은 일반 저축상품보다 보험상품 판매에 더욱 집중하는 모습을 보였다. 특히 은행의 저축성보험 판매는 펀드 열풍이 사그라지면서 더욱 활발해졌다. 당시 반 토막 펀드를 경험한 사람들은 투자상품에 대해 불안을 느꼈다. 은행은 이러한 마음을 절묘하게 파고들어 복리를 강조하며 보험상품을 판매해온 것이다. 실제로 방카슈랑스 실적은 금융위기 이후 종합주가지수가 저점

〈방카슈랑스 채널 생명보험 초회 보험료〉

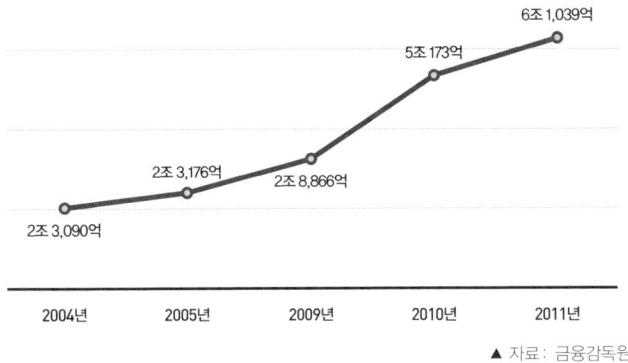

▲ 자료: 금융감독원

을 찍던 2009년을 지나면서부터 급증했다.

생명보험업계를 보면 2010년 생보사들의 방카슈랑스 실적(초회 보험료 기준)은 5조 173억 원으로, 2009년의 2조 8,866억 원에 비해 73.8퍼센트나 증가했다. 2010년 설계사 판매 실적 1조 8,227억 원과 비교해도 2.8배나 되며 생명보험사 전체 실적에서도 절반 이상을 차지한다. 그간 보험 판매의 주요 채널이던 설계사를 방카슈랑스가 훨씬 앞지르고 있는 것이다.

방카슈랑스의 취지는 은행을 방문하는 소비자들에게 좀 더 다양한 서비스를 제공하고, 모집비용을 줄여서 저렴한 사업비의 보험상품을 제공하기 위한 것이다. 그러니 단순히 은행을 통한 보험상품 판

〈은행별 방카슈랑스 본인 실적 계좌 비중〉

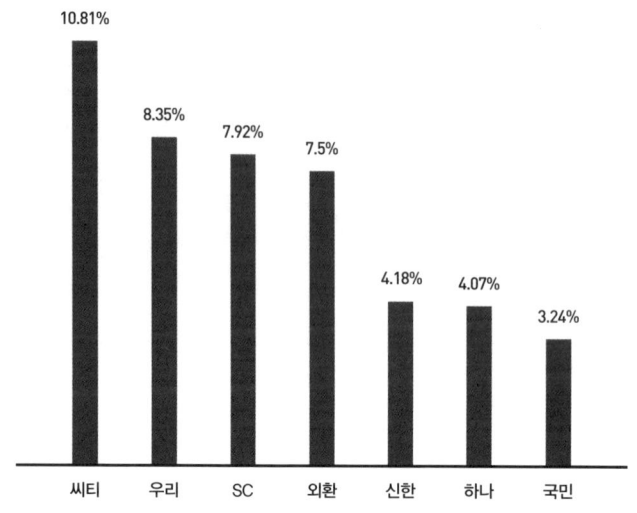

▲ 자료: 통합민주당 이성남 의원실(2012년 3월)

 매가 늘었다는 사실을 비판할 수는 없다. 문제는 은행이 실적을 높이기 위해 보험상품 판매를 무리하게 진행하고 있다는 점이다. 상당수의 소비자가 해당 상품이 보험인지도 모르고 가입했으며 자신이 불입하는 금액 전체에 대해서 복리이자를 주는 것으로 인식하고 있다.

 심지어 은행의 실적 채우기식 영업 탓에 전체 방카슈랑스 계좌의 5퍼센트가 직원들의 자폭계좌라고 한다. 자폭계좌란 은행 직원들이 실적을 위해 본인 명의로 개설한 통장을 말한다. 2012년 3월 통합민주당 이성남 의원실에서는 7개 시중은행으로부터 2011년 10월 말

기준 직원 본인 명의 계좌의 자료를 받아 집계했다. 그 결과 씨티은 행은 무려 10.81퍼센트가 직원 본인 명의의 계좌였으며 우리은행, 스탠다드차타드은행이 그 뒤를 잇고 있다.

이는 직원 본인 명의의 계좌만을 가지고 집계한 자료다. 그러므로 직원 가족이나 친지 등 지인 계좌까지 더하면 자폭계좌의 비중은 훨씬 더 커질 것이다. 그만큼 은행들의 보험상품 판매에 대한 압박감이 심하다는 것을 짐작할 수 있다. 이 때문에 은행의 소비자와 직원들까지 피해를 보고 있지만 은행은 작년 한 해만 8,000억 원 이상을 보험 판매 수수료로 챙겼다.

## 저축보험의 복리효과, 굳이 보험이어야 할까?

은행이 열심히 판매하는 상품이 소비자에게도 실제로 이득이 된다면 가입을 꺼릴 이유는 없다. 하지만 현실을 들여다보면 저축보험이 소비자에게 이득이 되는 경우가 많지 않아 문제다. 일반적으로 소비자들이 저축보험 가입을 결정하는 이유는 공시이율이 은행의 적금 금리보다 높고 복리에 비과세 혜택을 받을 수 있어서 적금에 가입하는 것보다 훨씬 유리하다고 생각하기 때문이다.

저축보험의 공시이율이 은행의 적금 금리보다 높은 것은 사실이다. 하지만 그렇다고 해서 저축보험이 적금상품보다 소비자에게 더 많은 수익을 준다고 단정 지을 수는 없다. 저축보험이 연복리로 운영된다고 하더라도 불입액 전부가 복리로 운영되는 것이 아니기 때문이다. 저축보험은 보험상품의 특성상 사업비를 공제한 금액이 적립되는데 사업비는 보통 7~10퍼센트 정도다. 그래서 복리 이자율을 적용하더라도 원금이 되기까지 4~5년 이상 걸린다.

그래서 10년 이상 유지하면 보험상품이 유리하다고 이야기하는데, 여기에는 두 가지 함정이 있다.

첫째, 복리상품이 보험사에만 있지는 않다는 것이다. 요즘은 시중은행의 정기적금 중에서도 월복리 적금이 많이 판매되고 있다. 물론 보험사처럼 10년은 아니고 보통은 3년짜리지만 만기가 짧은 것이 상품의 단점이 될 순 없다. 그리고 굳이 복리상품이 아니더라도 얼마든지 복리로 운영할 수 있다. 복리란 원금에만 이자가 붙는 단리와는 달리 이자에도 이자가 붙는 것을 말한다. 굳이 다른 복리상품을 선택하지 않더라도 만기가 된 예·적금의 원금과 이자를 합해서 그대로 정기예금에 가입하면 복리효과를 얻을 수 있다. 예를 들어 1년 만기 정기적금을 불입하고 만기에 찾아 원리금을 그대로 또 정기예금으로 가입하길 반복하면 연복리 이자를 받을 수 있다. 1년에 한 번만 은행을 찾아가 정기예금 가입하는 것을 반복하면 된다.

둘째, 10년 이상 유지하기가 쉽지 않다는 점이다. 금융감독원에서 밝힌 내용에 따르면 저축보험 가입자 중 절반가량인 45퍼센트가 3년 안에 계약을 해지한다. 보험연구원의 〈생명보험 상품별 해지율 추정 및 예측 모형(2010)〉 보고서를 봐도 금리연동형 상품의 9년 차(108개월) 유지율이 23.8퍼센트에 불과하다. 10년을 유지하는 사람이 네 명 중 한 명도 안 된다는 뜻이다. 이런 상황이니 이론적인 복리효과를 논하는 것은 의미가 없다. 가계 저축률이 2퍼센트대에 불과하고 고용이 불안정해 10년 이상 한 직장에 머무르기도 쉽지 않은 터다. 더욱이 소득이 유지된다 하더라도 자녀의 진학으로 지출이 급격히 늘어가므로 장기 저축을 꾸준히 유지하기란 굉장히 어려울 수밖에 없다.

## 은행에 대한 믿음을 버려라

우리나라 사람들은 은행을 필요 이상으로 신뢰한다. 그래서 은행이 알아서 최적의 상품을 제안했을 것이라 여긴다. 같은 상품을 제안해도 다른 금융회사가 제안했을 때보다 은행이 제안했을 때 더 신뢰를 보인다. 일종의 '은행 프리미엄'이 존재하는 것이다. 하지만 은행은 그러한 금융 소비자들의 믿음을 바탕으로 은행 입장에서 고수익이 될 만한 상품을 판매하는 데 열을 올릴 뿐이다. 방카슈랑스가 도입되면서 이제 보험사뿐 아니라 은행, 증권사, 카드사까지도 보험을 판매하려 하므로 결과적으로 소비자 입장에서는 보험 판매에 더 자주 노출되는 불편이 생긴 셈이다.

보험에 가입하면서 이왕이면 사업비를 줄여 더 저렴한 것을 선택할 수 있다면 좋은 기회가 될 것이다. 다만 여기에는 꼭 필요한 상품이라는 전제가 성립되어야 한다. 아무리 저렴한 상품이라 해도 필요하지도 않은데 가입한다면 당연히 문제가 된다. 예컨대 앞서 언급한 상담자가 그런 경우다. 저축을 적금이 아닌 보험으로 가입하는 것은 재무관리에 상당한 문제가 생길 수밖에 없다.

장기 상품은 충분한 단기 자금이 확보된 상태에서 현재의 저축 여력이 아닌 미래의 저축 여력까지 따져보고 가입해야 한다. 하지만 은행들은 단기 예·적금에 가입하러 온 사람들까지 장기 상품으로 유도하면서 가정의 재무구조를 더욱 악화시키고 있다. 소비자들의 현재 재무상태와 미래의 재무사건을 충분히 전제하지 않고 은행의 수익성에만 초점을 맞춘 탐욕스러운 영업을 하고 있는 것이다.

가장 단적인 예가 2012년 7월에 불거진 금융사들의 CD금리 담합 사건이다. CD금리는 여타 금융상품의 금리에 영향을 미치는 지표금리다. 예를 들어 대출을 받을 때도 'CD금리+$a$' 식으로 변동금리 이자율을 책정한다. 현재 서민 가계부채의 절반 가까이가 CD금리에 연동되어 있는 상황이다. 이를 고려할 때 금융사들이 담합하여 CD금리를 높게 유지한 그 사건은 금융사들이 금융 소비자 편이 아님을 확실히 보여주었다. 다시 강조하지만, 은행은 결코 소비자 편이 아니다. 은행에 대한 믿음을 버려야 할 때다.

# 미래가 불안해서 못 줄이고
# 돈이 아까워서 못 줄인다

작은 식당을 운영하는 A씨는 월 160만 원 소득에 종신보험과 의료실비보험으로 매달 28만 원을 내고 있었다. 얼마 전 보험료가 부담스러워 조금이라도 줄여볼 목적으로 지인에게 보험설계사를 소개받았다. 그런데 설계사는 A씨의 보험증권을 보더니 오히려 부족하다면서 새로운 보험에 가입할 것을 권했다. 보장이 부족하다는 말에 불안감이 들지만 보험료를 더 내야 한다니 부담스럽기도 해서 망설이고 있다.

A씨의 사례처럼 가정경제가 위기에 처했다는 경고가 연일 쏟아지고 있다. 많은 가정이 교육비까지 줄여가며 허리띠를 졸라매고 있음에도 적자 가구와 가계대출 연체율은 계속 늘어만 가고 있다. 전 세계가 경제위기를 겪으면서 앞으로의 경제 전망 또한 밝지 않고 장기

불황 우려도 나오는 만큼 어느 때보다 가정의 지출관리가 중요한 시기다.

대부분 가정은 굳이 누가 따로 말해주지 않아도 경제적인 어려움이 닥치면 지출을 줄이기 시작한다. 하지만 잘 줄이지 못하는 것이 보험료다. 미래가 불안해서 못 줄이고 그동안 냈던 보험료가 아까워서 못 줄인다.

### 보험회사는 자산 5배 늘고, 가계는 빚 5배 늘어

생명보험협회가 3년마다 실시하는 생명보험 성향조사를 보면 2009년 기준 우리나라 가구의 생명보험 가입률은 87.5퍼센트이며 월평균 보험료는 415,000원이다. 이는 생명보험만을 가지고 조사한 자료이며 손해보험까지 포함하면 가입률 95퍼센트에 가구당 보험료가 50만 원을 넘어간다. 대부분 사람이 보험에 가입했고 월평균 소득의 15퍼센트를 보험료로 내고 있다는 이야기다. 같은 조사에서 1997년의 가입률은 73.7퍼센트이고 납입보험료는 237,000원이었다. 가입률과 보험료 모두 큰 폭으로 상승했다. 소득 상승분을 고려하더라도 전체 가계가 부담하는 보험료 지출 자체가 늘었다는 사실에는 변함이 없다.

이에 따라 보험회사들이 한 해 동안 벌어들이는 보험료(연간수입보험료) 역시 10년 전에 비해 100퍼센트가량 늘어났으며, 1999년 당시 총자산이 100조 원에 불과했던 전체 생명보험회사의 총자산은

2009년 500조 원을 돌파했다. 그중 삼성생명 한 회사의 총자산만 162조 원에 이른다.

보험회사가 이렇게 몸집을 불리는 동안 가정의 재무구조는 점점 악화되어 가계부채는 1,000조 원에 근접했고 가계순저축률은 2011년 기준으로 2.8퍼센트까지 하락했다. 결과적으로 우리나라 사람들은 저축보다 보험에 5배 많은 돈을 쓰고 있는 셈이다. 특히 소득이 낮을수록 소득 대비 보험료 지출은 많아진다. 조사자료를 봐도 연소득 1,200만 원 미만 가구가 1년 동안 내는 보험료는 평균 182만 원, 소득 대비 보험료는 24.7퍼센트로 비중이 가장 높게 나타난다. 소득의 4분의 1을 보험료로 지출하고 있다 보니 저소득 가정의 절반 이상은 적자 가구가 됐다.

〈소득별 생명보험료 납입 현황〉 (단위: 만 원, %)

| 구분 | 연소득 1,200 미만 | 연소득 1,200~2,400 미만 | 연소득 2,400~3,600 미만 | 연소득 3,600~4,800 미만 | 연소득 4,800~6,000 미만 | 연소득 6,000 이상 |
|---|---|---|---|---|---|---|
| 연간 납입보험료 | 182 | 286 | 414 | 509 | 590 | 854 |
| 소득 대비 납입보험료 | 24.7 | 16.7 | 14.9 | 13.2 | 11.9 | 12.6 |

▲ 자료: 생명보험협회 생명보험 성향조사(2009)

물론 저축률이 낮아지고 가정의 재무구조가 악화된 것이 단순히 보험료가 늘어났기 때문만은 아니다. 문제는 저축이 보험보다 우선순위에서 밀려 있다는 점이다. 저축액보다 보험료가 많아진 배경에는 보험회사의 역할도 있었다는 점은 분명히 짚고 넘어가야 한다.

## 불안을 조장해 돈 버는 보험회사

2000년대는 이전 10년과 비교할 때 사회적 불안정이 심해진 시기였다. 평생직장 개념이 무너지면서 사람들이 일상에서 느끼는 불안감이 과거에 비해 훨씬 커졌다. 버는 돈만으로는 안 된다는 불안에 재테크 바람이 불었으며, 자녀를 좀 더 경쟁력 있게 키워야 한다는 불안에 사교육 열풍이 불었다. 이러한 불안 속에 보험회사가 재무설계서비스를 내세우고 뛰어들면서 사람들의 재무구조는 더욱 악화되기 시작했다.

보험회사들은 2000년대 들어 대졸 남성들을 대거 채용하면서 보험설계사들을 전문가 집단으로 포장하기 시작했다. 명칭도 보험설계사가 아니라 FC financial consultant라거나 FP financial planner라는 등으로 바꿔 금융전문가처럼 보일 수 있도록 하였다. 이들은 돈에 대해 불안해하는 사람들을 위해 재무설계를 무료로 해준다면서 컴퓨터를 활용해 생애 전반에 필요한 필요자금을 계산해주었다. 그러면서 "가장으로서 가족의 생활자금으로 최소 1억은 준비해야 한다", "암에 걸리면 수천만 원, 자녀 교육비는 1인당 2억, 노후자금으로는 밥만 먹고 살아도 10억이 필요하다"는 말들을 쏟아냈다.

이들은 가장이 준비해야 하는 가족의 생활자금에 '보장자산'이라는 이름을 붙여 보험을 자산으로 둔갑시켜 판매했다. 그리고 자녀 교육비 부담 탓에 노후자금을 준비하지 못하는 사람들을 위해서는 어린이 변액유니버셜보험이라는 보험을 판매했다. 이것은 기존의 변액유니버셜보험에 '어린이'란 이름만 덧붙여 자녀를 위한 펀드상품인 것처럼 가장한 보험상품이다.

거기에 자본시장통합법 시행으로 금융회사 간의 경계가 무너지고 있어서 보험회사에서도 이제는 저축과 투자상품을 판매한다는 이야기로 사람들의 시선을 잡아끌었다. 재무상담이라는 이름으로 마치 보험회사가 사람들의 일상에 필요한 토털 금융 솔루션을 가지고 있는 것처럼 광고하기 시작했다. 급기야 보험회사는 이제 보험만 팔던 과거의 보험회사가 아닌 것으로 인식되었다.

이것이 일상생활에 불안감을 느껴 제대로 돈관리를 해야겠다는 사람들의 니즈와 맞아떨어지면서 보험회사의 재무설계가 일반에게 알려졌다. 이 때문에 '재무관리의 기본은 위험관리'라는 보험회사의 말에서 저축보다는 보험이 강조될 수밖에 없는 환경이 조성된 것이다.

### 일상의 재무적인 위험을 빚으로 해결하는 구조

A씨도 기존의 보험들에 가입할 때 "당신에게 갑자기 사고가 생겨서 가족들만 남았을 때"를 상상하라고 했다고 한다. 비싼 보험료가 부담스럽게 느껴졌지만 가족사랑을 이야기하고 나중에 연금으로 전환할 수도 있다는 설계사의 말에 가입을 결정하게 됐다.

보험회사는 보험료를 내기 부담스러워하거나 아까워하는 사람들을 겨냥하여 위험을 보장받기 위한 '비용'인 보험을 '보장자산'이라는 말로 탈바꿈시켜 보험이 자산인 양 판매해왔다. 사람들이 돈에 대해서 걱정하고 불안해하는 데는 여러 가지 이유가 있음에도 보험회사들은 여기에 대한 해결책으로 늘 보험만을 제시해왔다. A씨도 처음에 보험설계사를 만나 상담을 하게 된 건 재무설계를 해준다고 해서였다고 한다. 하지만 A씨가 제시받은 설계사의 해결안에 저축은 없었다. 미심쩍은 부분이 없진 않았지만 재무전문가가 찾아와서 이야기하는 불안한 미래를 듣고 보니 꼭 가입해야 할 것 같은 생각이 들더란다.

그런데 보험회사의 상담을 통해 죽거나 아플 때에 대해서는 충분히 대비했을지 모르지만 인생 전반의 재무적인 위험은 더욱 커졌다. 재무적인 위험은 보험회사가 말하는 것 말고도 수없이 많이 존재하기 때문이다. 살다 보면 경기가 어려워져 소득이 감소하기도 하고 맞벌이를 하던 가정이 한쪽의 수입이 중단되어 소득이 반으로 줄어들기도 한다. 또 자녀가 성장하면서 지출은 당연히 증가한다. 이사나 자동차 교체 등으로 수백만 원에서 수천만 원 단위의 목돈 지출도 발생하며, 가전제품을 바꾸거나 가족여행을 다녀오는 등 소소하게 목돈을 지출할 일도 수시로 발생한다.

하지만 A씨의 상담을 한 설계사는 인생에서 부딪히는 수많은 재무적인 위험 중에 보험상품과 연관되는 위험만 적극적으로 부각시켰다. 예를 들어 암에 걸리면 일을 할 수 없기에 진단금을 많이 가져가야 한다고 A씨를 설득하는 식이다. 그렇지만 암에 걸려서 소득이 중단되든 장사가 잘 안되거나 회사의 경영사정이 악화돼서 소득이 중단되든 개인에게는 똑같은 재무적 위험이다. 그럼에도 보험회사는 저축으로 비상금을 준비하게 도와주기보다 암 진단금을 준비하는 데 늘 우선순위를 뒀다.

그러다 보니 A씨는 매출이 줄어서 돈이 부족할 때마다 그동안 냈던 보험료를 담보로 약관대출을 받아서 써야 했다. 지금은 약관대출을 한도까지 모두 끌어쓰고도 돈이 부족해 카드론까지 활용하고 있다. 이처럼 보험사가 일상의 재무적인 위험을 무시한 채 일찍 죽거나 아프거나 수명이 늘어났다는 위험만 강조하다 보니 일상생활에서 발생하는 재무적인 위험은 모두 빚으로 해결할 수밖에 없는 재무구조가 된다.

### 보험보다는 저축액이 무조건 많아야 한다

돈을 써야 하는 일은 보험회사가 이야기하는 암이나 사망 등 특수한 재무사건보다는 일상적으로 발생하는 재무사건이 훨씬 더 많다. 가전제품과 차량을 교체하거나 이사를 하거나 자녀가 상급 학교에 진학하는 등의 일 말이다. 결국 재무적인 위험에 대비해 열심히 보험료를 내고도 정작 재무적인 사건이 생겼을 때는 A씨처럼 자신이 낸 보험료를 담보로 대출을 받아야 한다. 보험업계의 발표에 따르면 2012년 3월 기준 전체 보험사 약관대출 규모는 42조 1,386억 원으로 1년 전 36조 7,486억 원에 비해 14.6퍼센트나 증가했다고 한다.

결국 우리는 재무적인 위험에 대비하기 위한 보험료를 내고도 정작 재무적인 위험이 생겼을 때는 그것을 해결하기 위해 보험회사에 대출이자를 내야 한다.

재무적인 위험에서 균형감을 찾아야 할 때다. 혹시 우리 가정은 저축액보다 보험료가 더 많지는 않은가? 상식적으로 생각해보자. 아프거나 죽어서 들어가는 돈보다 살았을 때 일상적으로 들어가는 돈이 훨씬 많지 않은가? 보험보다는 저축액이 무조건 많아야 한다는 뜻이다. 치료비로 쓰는 돈이나 가전제품 교체로 쓰는 돈이나 같은 돈이다. 일상생활은 카드 할부와 빚으로 하면서 아플 때는 꼭 보험이 있어야 한다는 게 과연 옳은 생각일까?

보험료 줄여서 20만 원씩 4년만 저축하면 1,000만 원을 모을 수 있다. 현금으로 1,000만 원 있으면 웬만한 병원비 정도는 걱정 안 해도 된다. 약간의 조정만으로도 미래에 써야 할 중요한 재원을 차곡차곡 만들어갈 수 있다. 불필요한 보험료를 내고 있지 않은지, 너무 많은 보험료를 내고 있지는 않은지, 충분한 저축이 이뤄지고 있는지 점검이 필요하다.

# 좋은 상품이 아닌 필요 여부를 따져라

"보험은 만기가 길고 납입기간이 짧은 것이 좋다."

보험에 가입할 때 한두 번쯤은 들어본 이야기일 것이다. 보장기간이 길어야 오랫동안 보장을 받을 수 있으니 이렇게 생각하는 것이 당연하다. 과거에는 20년 만기 또는 60세 만기 상품이 많았지만 어느덧 보장기간이 종신이거나 100세인 상품이 주류를 이루게 되었다. 하기야 단순히 만기만 길어진다면 나쁠 거 없다. 문제는 보장기간이 길어지면서 매달 내야 하는 보험료도 늘어난다는 점이다. 보장기간이 긴 것이 정말 좋다면 더 비싼 보험료를 내더라도 그럴 수 있지만, 무조건 보장기간이 길다고 좋다고만은 할 수 없다.

보장기간이 가장 긴 보험은 아무래도 종신보험이다. 보험의 보장기간이 종신이라고 해서 종신보험이라는 이름이 붙여졌다. 물론 모든 보장이 종신은 아니고 사망보험금에 대해서만 종신보장을 해준다. 사람은 언젠가는 죽기 마련 아닌가. 그런데 언제 죽어도 돈을 준다고 하니 100퍼센트 보험금을 받을 수 있다고 해서 많이 가입했던 보험이다. 그런데 사망보험금을 종신토록 보장받는 것이 과연 효율적일까?

보험에 대해 사람들이 갖고 있는 대표적인 의문 중 하나가 과연 내가 가입한 보험이 좋은 보험인가 하는 것이다. 하지만 보험상품을 평가할 때 해당 상품이 좋은지 나쁜지는 아무런 의미가 없다. 해당 상품이 나에게 필요한지 불필요한지가 중요할 따름이다.

보험에 제대로 가입하려면 내가 가진 위험에 대한 정확한 평가가 선행되어야 한다. 보장성보험에 가입하는 이유는 크게 보면 사망위험과 질병, 사고 등으로 발생하는 의료비에 대비하기 위해서다. 사망을 보장하는 보험과 의료비를 보장하는 보험을 하나씩 살펴보자.

## 사망보험은 가족을 위해 준비하는 보험이다

사망위험에 대비하는 가장 대표적인 보험이 사망에 대한 보장을 종신토록 하는 종신보험이다. 그런데 과연 사망보장이 종신토록 필요할까? 사망에 대한 대비는 나 때문이 아니라 남겨질 가족 때문에 하는 것이다. 즉, 가장 입장에서 자신에게 갑자기 불의의 사고가 생기면 남겨진 가족의 생계가 어려워지기에 준비하는 것이 사망보험금이다.

그렇다면 사망위험이 무엇인지 구체적으로 들여다보자. 가령 가장이 30대나 40대에 갑자기 세상을 떠난다면 남겨진 가족의 생계가 어려워질 확률이 굉장히 높다. 하지만 가장이 80대나 90대에 사망한다면 남겨진 가족의 생계가 어려워질 확률은 거의 없다. 고령으로 인한 사망은 가족에게 감정적으로 힘든 일이 될 수는 있어도 적어도 경제적으로 어려운 일은 아니다. 보험은 감정을 보상해주는 것이 아니라 경제적인 보상을 해주는 상품이기에 경제적으로 접근해야 한다. 사망보험금의 필요성만 놓고 보면 보장기간이 종신일 이유는 없다. 사람이 죽을 확률만 놓고 본다면 60세 이후에 죽을 확률이 60세 이전에 죽을 확률보다 훨씬 높다. 사망보험금이 정말 필요한 시기는 60세 이전인데 종신보험에 가입하면 60세 이후를 위해서 내는 돈이 훨씬 많아진다. 결국 사망보장을 종신토록 해준다는 종신보험은 개인에게 굉장히 비효율적인 구조다.

### 연장정기제도나 감액완납제도를 활용해보자

가장이 60세가 된다면 하다못해 40세에 난 늦둥이도 이미 성인이 되었을 시기다. 이 시기는 자녀가 초등학교 다닐 때처럼 많은 사망보험금을 필요로 하지 않는다. 또한 가정에 일정 정도의 자산이 형성된 경우가 많아 굳이 사망보험금이 아니더라도 다른 대안이 많이 존재한다. 사망에 대비하는 보험 중 일정 기간만 사망보장을 하는 보험을 정기보험이라고 한다. 만약 34세 남자가 사망보험금 1억을 종신으로 가입하면 17만 원 정도 나오지만, 정기보험으로 가입한다면 4만 원 정도면 충분하다.

물론 정기보험일 때는 순수보장형이 되므로 60세 이후에는 돌려받을 수 있는 돈이 없다. 반면에 종신보험은 일종의 만기환급형의 성격을 띠고 있어 매달 내는 보험료에서 일정 부분이 적립된다. 그래서 나중에 연금으로 전환해서 쓸 수도 있고, 언젠가는 죽게 되니 사망보험금의 형태로 받을 수도 있다. 중도해약 시 일정 금액 이상의 해약환급금도 받게 된다. 그래서 가격이 비쌈에도 종신보험에 많이 가입하게 된다.

하지만 20년 후, 30년 후의 화폐가치를 고려한다면 생각은 달라질 것이다. 종신보험의 사망보험금으로 1억 원을 받기로 했다고 가정해보자. 물가상승률을 4퍼센트로 가정할 때 20년 후 1억 원의 가치는 4,420만 원이며 30년 후에는 2,938만 원으로 뚝 떨어진다.

〈물가상승에 따른 1억 원의 기간별 가치 변화〉 (단위: 만 원)

| 물가상승률 | 10년 후 | 20년 후 | 30년 후 | 40년 후 | 50년 후 | 60년 후 | 70년 후 |
| --- | --- | --- | --- | --- | --- | --- | --- |
| 3% | 7,374 | 5,437 | 4,010 | 2,957 | 2,180 | 1,608 | 1,185 |
| 4% | 6,648 | 4,420 | 2,938 | 1,953 | 1,298 | 863 | 574 |

하지만 보험회사들은 정기보험에 대한 언급은 회피하려 한다. 이유는 간단하다. 판매를 하는 입장에서는 정기보험보다는 종신보험이 훨씬 더 많이 남기 때문이다. 종신보험은 보험사에서 판매되는 보

험 중에 사업비가 가장 높은 보험 중 하나로 꼽힌다.

　이미 종신보험에 가입한 사람이라면 연장정기제도나 감액완납제도를 활용해볼 수 있다. 연장정기제도는 지금까지 낸 보험료를 기준으로 정기보험으로 갈아타는 것이다. 추가로 납입하는 보험료는 없다. 다만 그동안 몇 년을 납입했느냐에 따라 보장기간이 달라지는데 3~4년 정도 납입했다면 보통 자녀가 성인이 되는 시점까지는 보장을 받을 수 있다. 연장정기가 보장기간을 줄이고 보장금액을 그대로 가져가는 형식이라면, 감액완납은 보장기간은 그대로 가져가되 보장금액을 줄이는 형식이다. 연장정기와 마찬가지로 납입한 기간에 따라 보장금액이 달라진다. 납입한 기간이 상대적으로 길다면 연장정기보다 감액완납이 유리할 수 있다. 이것은 가입한 나이나 납입한 기간에 따라 달라지는 사항이므로 어떤 것이 유리한지는 직접 보험사에 문의해보면 알 수 있다.

### CI보험, 암 진단을 받았는데도 보험금 지급 불가?

　보장기간이 종신인 보험 중에 중대한 질병과 수술을 보장하는 CI critical illness 보험이 있다. 이 보험은 종신보험보다도 높은 사업비를 포함하므로 일반 종신보험보다 보험료가 더 비싸다. 문제는 CI보험을 암이나 심근경색 등을 보장하는 보험으로 알고 가입한 사람들이 많다는 것이다.

　A씨 역시 마찬가지다. 암 보장이 많이 된다고 해서 가입했지만 정작 암에 걸려서 보험금을 청구하니 보험금을 지급할 수 없다는 답변

이 돌아왔다. CI보험은 일반 암이 아닌 중증 암을 보장하는 보험으로, A씨의 암은 암세포가 크지 않아 보장 대상이 아니라는 것이다. 뇌졸중 역시 마찬가지다. 중대한 뇌졸중으로 보험금을 받기 위해서는 걷지 못하거나 음식물 섭취가 불가능하거나 화장실을 못 가거나 스스로 옷을 못 입을 정도가 되어야 한다. 이 정도로 일상생활의 기본 동작에 대한 장해 평가 결과가 일정 수준을 넘어야 보장을 받을 수 있다. 심근경색의 예에서는 심장이 한 번 뛸 때 나가는 혈액이 절반 정도로 줄어들어야 한다.

이처럼 CI보험은 보험금 지급조건이 굉장히 까다로운 보험이다. 그럼에도 보험회사들은 비싼 보험료를 받기에만 급급할 뿐 가입 당시에 이런 내용을 상세히 안내해주지 않는다.

### 100세 시대, 100세 만기보험 꼭 필요할까?

평균 수명이 길어지면서 보험회사들은 만기가 긴 보험들을 적극적으로 판매하고 있다. 평균 수명이 길어졌으니 보험 만기 역시 길어져야 한다는 이야기는 일면 합당하게 들리기도 한다. 하지만 화폐의 실질가치를 고려하면 평균 수명이 늘어났다고 해서 보험의 만기를 늘리는 것은 큰 의미가 없다.

예를 들어 암 진단금으로 3,000만 원을 보장받기로 했다고 가정해보자. 보통 이런 보장은 80세 또는 100세 만기로 받게 된다. 40세 남자가 보험에 가입했고 80세가 되었을 때, 3,000만 원의 가치는 물가가 4퍼센트씩 올랐다고 가정하면 700만 원도 채 되지 않는다. 60세만 되도 실질보장금액은 반 토막이 된다. 보장금액뿐 아니라 해약환급금도 마찬가지다. 보험료가 부담스러워도 만기에 원금을 받을 수 있다는 이야기에 저축하는 셈 치고 보험에 가입하기도 한다. 하지만 20년, 30년 후의 원금은 이미 원금이 아니다.

그럼에도 보험회사는 갓 태어난 아기들에게도 평균 수명 100세 시대니 100세 만기 보험이 필요하다고 명목가치만을 놓고 홍보한다. 사람들이 100년간의 물가상승은 간과한다는 점을 적극 이용하는 것이다. 만기가 길어지면 그만큼 보험료를 더 비싸게 받을 수 있으니 보험회사로서는 무조건 남는 장사일 수밖에 없다.

평균 수명이 길어졌다고 해서 보험의 만기가 길어져야 한다는 논리가 성립되려면 보장금액이 물가상승과 연동되어 지속적으로 올라가야 하는데 그렇지 못하다. 그리고 수십 년 후의 건강보험제도가 어떻게 바뀌느냐에 따라서 해당 보험상품은 무용지물이 될 수도 있다. 그뿐 아니라 수십 년 후에 돈이 많이 들어가는 질병은 지금 우리가 생각하는 암이나 심근경색 등이 아닐 수도 있다는 점을 고려해야 한다. 보험만으로는 미래 의료비를 모두 충당할 수 없다는 뜻이다. 수십 년 후의 의료비는 결국 사보험이 아닌 건강보험제도와 개인의 저축으로 극복되어야 한다.

## 보험: 현명하게 리모델링하는 방법

**1. 보장성보험에 월 소득의 몇 퍼센트를 가입해야 한다는 기준은 없다**

이는 가정의 월 소득에서 일정 금액 이상 보험상품을 판매하기 위해 지어낸 말이다. 월 소득의 8퍼센트 정도만 보험료로 지출해도 1년이면 한 달치 월급 정도의 규모가 된다. 결국 1년 중 한 달은 보험료를 내기 위해 일하는 셈이다. 보험은 어디까지나 비용이고, 비용이라는 것은 적을수록 좋다. 특히나 교사들은 학교에서 단체보험 형식으로 의료비에 대해 보장을 해주는 예가 많다. 우선 단체보험으로 보장받는 부분이 무엇인지부터 확인하자. 질병 및 상해에 대한 의료실비를 보장받고 있다면 별도의 의료비보험을 몇만 원씩 들 필요는 없다. 특히 의료실비는 중복보장을 받을 수 없으므로 더더욱 겹쳐서 가입할 필요가 없다. 퇴직 이후를 걱정해서 보험이 필요할 것 같다 하더라도 당장 2~3년 이내에 퇴직할 것이 아니라면 보험료 낼 돈으로 저축을 하는 것이 더 효율적이다.

건강보험의 보장 혜택이 늘어나고 있다는 것도 생각해야 한다. 예를 들어 암이나 심근경색처럼 고액의 치료비가 들어가는 질병은 건강보험에서 95퍼센트(급여 기준)까지 보장해준다. 그래서 예전에는 암 걸리면 집안 살림 거덜 난다고 했지만 요즘은 수백만 원 정도면 대부분 치료받을 수 있다. 이전처럼 비싼 보험료를 내지 않아도 되는 이유다.

**2. 종신보험부터 정리하고 다른 보험은 보장기간 줄이고 납입기간을 늘려라**

본문에서 언급한 것처럼 앞으로의 화폐가치나 사망보험금의 필요시기를 고려한다면 굳이 사망보장의 기간이 종신일 이유가 없다. 정기보험으로 갈아타면 가정의 월 보험료를 상당 부분 낮출 수 있다.

그리고 보험료 납입기간은 길수록 좋다. 될 수 있으면 전기납으로 가입하자. 그래야 매달 내는 보험료가 줄어든다. 의료비 보장을 목적으로 하는 보험은 주계약을 작게 하고, 손해보험은 적립보험료를 작게 하는 것도 매달 내는 보험료를 줄이는 방법이다. 특히 의료비보험은 새로운 질병의 출현이나 건강보험 같은 제도의 변경 등으로 지금의 보험을 끝까지 유지할 확률이 낮다. 매달 내는 보험료를 줄여야 나중에 다른 보험으로 갈아탈 때도 아깝다는 생각이 적게 들 것이다.

### 3. 의료실비 정도만 있어도 충분하다

직장에서 의료비 보장이 되지 않는다면 의료실비보험 정도만 준비해도 충분하다. 만약 4인 가족(39세 남자와 35세 여자, 9세 남아와 7세 여아)이 다른 특약을 제외하고 의료실비보험으로만 가입한다면 월 6만 원 정도면 된다. 그럼에도 많은 가정이 더 저렴하게 보험에 가입할 수 있다는 방법조차 모른다. 저렴한 설계안을 내놓기를 꺼리는 설계사가 많기 때문이다.

### 4. 노후의료비는 보험보다는 저축으로 준비해야 한다

노후에는 특별히 병이 없어도 아플 수 있다. 또 큰 질병에 걸리면 입원, 수술 외에도 돈 들어갈 일이 많이 생긴다. 즉 보험에서 보장되지 않는 비용이 많이 발생하는 것이다. 더구나 지금 가입하는 보험은 20~30년 후 내가 노후를 맞이했을 때는 물가상승 탓에 무용지물이 된다. 노후의료비는 보험이 아닌 저축으로 준비하자. 지금부터 보험료 내는 셈 치고 별도의 의료비 통장을 만들어서 5~10만 원 규모로 꾸준히 준비하자. 그러면 20~30년 후에는 충분한 의료비자산을 만들 수 있다.

# 노후가 불안할수록
# 사회보험은 필수다

정 씨(43)는 요즘 불안하다. 퇴직이 다가오면서 노후가 불안하다 싶어서 변액연금도 30만 원씩 불입하고 있고 각종 보장성보험에도 35만 원씩 불입하고 있지만 노후자금은 턱없이 부족한 것 같다. 노후에 각종 질병에 시달릴 것을 생각하면 보장성보험 금액을 늘려야 하지 않을까 싶기도 하다. 정 씨는 얼마 전 지인을 통해 보험설계사를 소개받아 상담을 받았다. 설계사는 정 씨의 노후준비가 부족하다는 진단을 내렸고, 가입하고 있는 보장성보험도 리모델링이 필요하다고 했다. 보장성보험은 리모델링하면 지금보다 금액을 낮출 수는 있었지만 연금은 지금보다 두 배 정도는 더 납입해도 준비가 부족하다고 했다.

정 씨와 같이 노후와 의료비에 대한 불안을 안고 살아가는 사람이 많다. 그래서 준비를 더해야 하지 않을까 생각하지만, 생각으로만 그치곤 한다. 그도 그럴 것이 가계부채와 교육비 부담 탓에 준비할 수 있는 자금이 없기 때문이다.

노후자금과 의료비 문제에 대해 이처럼 불안해하기 전에 반드시 점검해야 할 것이 있다. 바로 국민연금과 건강보험이다.

### 노후와 의료비 준비, 사회보험을 먼저 확인하자

노후자금에 대해 불안해하는 이들이 정말 많지만 정작 자신이 어느 정도의 국민연금을 수령할 수 있는지는 잘 모른다. 국민연금관리공단에서는 매년 국민연금 가입자들에게 예상연금 수령액을 알리고 있다. 건강보험 역시 마찬가지다. 의료비에 대해서 그렇게 불안해하지만 건강보험에서 어떤 보장을 받을 수 있는지, 실제로 내가 암에 걸리면 비용이 얼마나 들어가는지 아는 사람은 별로 없다.

정 씨 역시 자신의 국민연금 예상수령액과 건강보험의 보장 내용에 대해 모르고 있었다. 무언가 준비해야 한다면 기존에 준비된 부분부터 점검하고 부족한 부분을 보완하는 것이 옳다. 그런데 기존에 준비된 것을 아예 무시하고 처음부터 할 생각을 하니 엄청나게 많은 돈이 있어야 할 것 같고 불안할 수밖에 없는 것이다.

이는 국민연금과 건강보험 등 사회보험에 대한 부정적인 인식에서 출발한다. 많은 사람이 국민연금과 건강보험에 대해 곱지 않은 시선을 보낸다. 국민연금은 망할지도 모른다는 불안감에 세금처럼 생각하고 건강보험 역시 별로 해주는 것도 없는데 매년 오르기만 하니까 안 낼 방법이 있다면 최대한 안 내려고만 한다.

2012년 7월 최동익 민주통합당 의원은 국민건강보험공단으로부터 제출받은 〈국민연금 및 건강보험 체납 현황〉을 분석했다. 그 결과 약 3만 5,000명이 국민연금이나 건강보험 중 한쪽은 성실히 납부하면서도 다른 한쪽에 약 1,858억 원을 체납하고 있다고 밝혔다. 한쪽을 성실히 납부하고 있다는 것은 분명 납입할 능력은 있다는 뜻이다. 하지만 국민연금이나 건강보험이 도움이 되지 않는다고 생각하므로 납입하지 않는 것이다.

사람들이 사회보험에 대해 부정적인 인식을 갖게 된 데는 언론의 역할도 크다. 예컨대 한국경제는 2012년 4월 26일 자에 '건보료 바가지 쓴 중산층'이란 제목의 기사를 내보냈다. 기사에서는 "건강보험 가입자의 절반가량은 자신이 낸 보험료보다 보험 혜택을 적게 받는 것으로 나타났으며 또 소득이 높을수록 보험료 대비 보험 혜택이 줄어들었다"고 전했다. 건강보험제도의 취지와 어긋나는 악의적인 기사라고 볼 수밖에 없다. 그런데 이보다 더 큰 문제는 우리 주변에서 '민영보험료 바가지 쓴 중산층'과 같은 기사는 찾아보기 힘들다는 것이다.

이는 건강보험에만 그치지 않는다. 국민연금 고갈 시점이나 수익률 저하에 대한 기사들은 줄을 잇고 있지만, 보험회사의 기금 고갈 시점이나 수익률에 대한 기사는 찾아보기 어렵다. 국민연금에 대한 불신이 커질 수밖에 없는 이유다.

그렇다면 단순하게 국민연금과 보험사 중 어디가 먼저 망할 것 같은지 생각해보자. 국민연금이 먼저 망할 것으로 생각하는 사람은 많지 않을 것이다. 망할 가능성으로만 따진다면 국민연금보다 보험사가 훨씬 높다는 건 잠깐만 생각해봐도 알 수 있다. 그런데도 우리는 국민연금이 불안하다며 개인연금에 돈을 넣고 있는 것이다. 여기에도 정박효과가 적용된다. 사회보험이 불안하다는 '닻'을 내린 채로 이후의 정보들을 받아들이고 판단하니까 의사결정에 오류가 생기는 것이다.

사회보험에 대해서는 비판적인 기사가 줄을 잇는 반면, 민영보험에 대해서는 어떤 보험에 가입해야 하는지, 노후준비를 위해서는 어떤 연금상품에 가입해야 하는지에 대해서만 기사화된다. 언론에서 흘러나오는 이야기들부터가 이러하기에 자연히 국민연금과 건강보험은 내기 싫어지고 개인연금과 보장성보험에 대한 의존도는 높아진다.

## 금융사의 마케팅이 사회보험에 대한 불신 키운다

사회보험에 대한 부정적인 인식을 키운 데는 연금이나 보험 등 금융상품을 판매하는 금융회사의 역할이 상당히 크다. 금융회사 입장에서는 국민연금이나 건강보험이 강력한 경쟁상대일 수밖에 없다. 만약 국민연금만으로 노후준비가 가능하고 건강보험만 있어도 의료비 걱정을 안 해도 된다면, 사람들은 굳이 보험회사의 연금이나 보장성보험에 가입할 필요가 없을 것이다. 그런 까닭에 금융회사들은 마케팅할 때 사회보험의 단점을 최대한 부풀린다.

이는 보험회사가 직원 교육을 할 때도 분명히 드러난다. 노후설계와 보험설계를 위해서는 국민연금이나 건강보험을 필수적으로 이해해야 한다. 그렇지만 보험회사들은 사내 교육 같은 데서 이 제도들을 제대로 가르치지 않는다. 오히려 이들의 단점만 부각시켜 민간보험이 꼭 필요하다고 교육하여 보험설계사로서의 사명감을 최대한 자극한다.

따지고 보면 언론에서 사회보험보다 민영보험에 대한 긍정적인 기사가 많아진 것 역시 금융회사의 입김이 작용하는 탓이다. 언론은 금융사에게 강력한 마케팅 도구일 수밖에 없기 때문이다. 금융사들은 자사 상품에 대해 쉴 새 없이 보도자료를 뿌리고 자사 전문가의 인터뷰가 지면에 실리도록 애를 쓴다. 언론에서 다뤄진 사회보험에 대한 비판적인 기사와 민영보험에 대한 긍정적인 기사는 또다시 금융회사의 영업도구로 활용된다. 대부분 사람은 아직도 신문이 진실만을 말한다고 믿는다. 그러하기에 금융회사 직원이 신문 기사까지 들고 와 설득한다면 십중팔구는 넘어갈 수밖에 없다.

### 사회보험 제대로 알면 보험료 지출 줄일 수 있다

하지만 우리가 알고 있는 것보다 국민연금이나 건강보험은 괜찮은 제도다. 국민연금관리공단에 따르면 1988년, 국민연금제도가 시작된 이후 20년 이상 가입하여 연금을 수령하는 수급자의 평균 수령액은 2012년 기준 월 82만 원이다. 액수가 가장 많은 사람은 130만 원가량의 연금을 수령하고 있으며 맞벌이를 해서 부부 모두 국민연금을 수령하는 경우는 200만 원 이상인 가정도 있다. 더구나 연금수령액은 매년 물가상승분만큼 올라간다. 또한 국민연금 외에도 기초노령연금제도가 있어서 하위 70퍼센트 가정은 10만 원 정도를 추가로 받을 수 있다.

건강보험제도 역시 마찬가지다. 의료비를 걱정하는 것은 감기 같은 일상의 질병보다는 암이나 심근경색 등 큰 질병 때문인데 이러한 고액질병은 건강보험에서 95퍼센트까지 보장한다. 또한 본인 부담액 상한제도가 있어 동일 병원에서 계속 진료를 받을 때는 소득에 따라 200~400만 원까지만 의료비(선택진료비 등 비급여는 제외)를 부담하면 된다.

이런 상황이기 때문에 개인연금이나 보장성보험이 필요 없다고 이야기하려는 건 아니다. 가능한 한 현실적인 노후설계를 할 수 있도록 사전에 짚어야 할 것이 있음을 강조하는 것이다. "노후에 월 생활비로 얼마가 필요한데 국민연금과 기초노령연금에서 얼마를 받을 수 있으니 부족자금을 어떻게 준비해야겠다"라고 해야 착실한 준비가 될 수 있다.

의료비 역시 마찬가지다. 보험에 가입할 때 보험설계사가 어떻게 설명했던가를 떠올려보자. "주요 질병에 걸렸을 때 의료비 지출이 얼마인데, 건강보험에서의 보장이 어느 정도다. 그러니 이만큼만 민간

보험으로 준비하면 된다" 하는 식으로 이야기하는 설계사는 본 적이 없을 것이다. 그들은 건강보험에서 지출되는 부분까지 전부 포함해서 엄청나게 많은 돈이 들어간다고 이야기한다. 그래서 겁에 질린 사람들은 의료실비보험도 가입하고 그와 별도로 진단금도 수천만 원씩 가입한다. 거기다가 입원이나 수술에 관련된 각종 특약까지 별도로 가입하고서야 마음을 놓는다.

국민연금과 건강보험에 대한 합리적인 인식이 필요하다. 이를 위해서 국민연금공단에서는 대외 강사를 별도로 양성하여 국민연금에 대한 교육을 하고 있다. 홈페이지에서도 본인 연금을 바로바로 조회할 수 있도록 했고, 상담팀을 따로 꾸려서 노후설계를 돕고 있다. 국민연금관리공단에서는 이러한 노력을 하고 있는데, 이에 비해 건강보험 측은 조금 아쉽다. 건강보험에 대한 별도 안내책자도 없을뿐더러 홈페이지에 들어가도 현 건강보험제도에 대해 일목요연하게 정리된 자료를 찾기가 어렵다. 하지만 어쨌든 공공보험과 사보험에 대한 올바른 인식을 할 수 있어야 가정의 보험료 지출을 줄여나갈 수 있다는 점만큼은 분명하다.

## 국민연금 들여다보기

노후를 불안하게 생각하는 사람들의 상당수가 국민연금 예상수령액을 모르고 있다. 국민연금 관리공단에서 정기적으로 예상연금 수령액에 대해 안내하고 있지만 국민연금에 대해서 부정적으로 인식하고 있다 보니 자세히 들여다보지 않는다. 2010년 8월 말 기준으로 20~22년간 가입한 사람(완전노령연금 수급자)의 월 수령액은 평균 772,740원이다. 국민연금을 납입하고 있다면 소득이나 가입기간에 따라 조금의 편차는 있겠지만 아마도 이 금액과 비슷하거나 더 많은 금액을 받게 될 것이다. 금액이 생각보다 적지는 않을 것이다. 적어도 밥은 충분히 먹고 살 수 있을 정도는 된다.

그리고 국민연금의 수익률에 대해 걱정하는 이들이 많은데, 지금의 국민연금은 다른 금융상품에 비해 결코 수익률이 낮지 않다. 현재 자발적으로 가입할 수 있는 임의가입자의 최저보험료는 월 89,100원이다. 10년 동안 매월 89,100원의 보험료를 납부하고 60세 이후 연금을 20년간 수령한다고 가정했을 때, 예상되는 국민연금 월 수령액은 현재 가치로 162,000원이다(국민연금은 평생 받지만 편의상 20년 동안 받는다고 가정했으며, 매년 물가상승률만큼 올라가는 부분도 여기서는 고려하지 않음). 이와 동일한 가정 하에 10년간 같은 보험료를 내고 20년간 수령하는 것을 조건으로 개인 투자를 할 때 투자수익률에 따른 연금수령액을 산출해보면 다음의 표와 같다.

⟨투자수익률에 따라 받을 수 있는 연금액⟩

| 투자수익률 | 10년 적립 후 일시금(A) | 월연금수령액(B) | 연금액(B)의현재가치(C) |
|---|---|---|---|
| 5% | 14,120,000원 | 90,000원 | 70,000원 |
| 7% | 15,086,000원 | 116,000원 | 91,000원 |
| 10% | 18,744,000원 | 167,000원 | 130,000원 |
| 12% | 21,000,000원 | 209,000원 | 163,000원 |
| 13% | 22,254,000원 | 233,000원 | 182,000원 |

**전제 조건 및 참고사항**

▶ 납부조건: 월 보험료 89,100원, 납부기간 10년

▶ 연금 수령기간: 20년으로 가정(10년 납부 후 바로 연금수령하는 것으로 가정)

▶ A : 해당 투자수익률로 연초에 1,069,200원씩 10년간 적립할 경우 10년 후에 얻는 일시금

▶ B : 'A'의 일시금을 해당 투자수익률로 운용 시 첫 해에 수령할 수 있는 월 연금액

▶ C : 'B'의 연금액의 현재가치(물가상승률 2.5% 가정, 2010년 현재가치로 환산)

결과적으로 국민연금의 예상수령액인 162,000원과 유사한 금액을 받으려면 수익률이 12퍼센트는 되어야 한다. 한편, 월 300만 원 소득자라면 27만 원씩 납입하여 278,000씩 받게 된다. 이 금액을 투자수익률로 환산하면 7.1퍼센트의 수익률을 거둬야 한다는 얘기가 된다.

위 수익률 산출 사례에서 12퍼센트와 7퍼센트로 차이가 나는 이유는 국민연금의 소득재분배 구조 때문이다. 다시 말해 보험료를 적게 내는 가입자가 많이 내는 가입자의 수익을 일부 가져가는 구조다. 따라서 수익률 측면에서만 보면 최저보험료인 89,100원을 내는 것이 유리한 것이 사실이다. 하지만 10년간 납부한다면 보험료의 고저를 떠나 모두 연 6퍼센트 이상의 수익률이 나

타난다. 보통의 금융상품을 활용해서 20~30년간 이 정도의 수익률을 낸다는 게 쉬운 일이 아니다. 투자의 귀재로 불리는 세계적인 기업가 워런 버핏 역시 평균 수익률이 20퍼센트 내외라는 점을 보면 일반인이 장기간 일정 수준 이상의 수익률을 올리기가 쉽지 않은 일임에는 분명하다.

더구나 국민연금은 연금 수령기간 매년 물가상승률을 반영해 증액된 연금액을 지급하지만 위에 예를 든 개인 투자로 수령하는 연금은 20년 동안 동일한 금액을 지급한다고 가정한 것이다. 따라서 20년 동안 물가상승률이 반영된 국민연금의 수익률을 따라잡기 위해서는 12퍼센트보다 더 수익률이 높은 곳에 투자해야 한다.

또한 이 수치는 통계청에서 발표하는 기대여명에 따라 20년간 연금을 수령한다고 가정한 경우다. 그러므로 앞으로 수명이 늘어나서 그보다 더 긴 기간을 수령한다면 수익률은 더 커질 것이다.

물론 나중에 노령인구가 많아져서 수급액이 줄지 않느냐고 반문할 수 있다. 하지만 그렇다고 해서 흔히 알고 있는 것처럼 국민연금이 고갈되어 연금을 전혀 수령하지 못하게 되는 것은 아니다. 연금을 못 받게 되는 것이 아니라 줄어드는 것이다. 이 또한 국민연금에서 이미 조정작업을 하고 있다. 국민연금 수급률을 60퍼센트에서 40퍼센트로 낮추기 위해 현재 매년 0.5퍼센트씩 줄이고 있다.

이 비율은 생애소득에 대한 비율이다. 예를 들어 1980년대에 월급을 20만 원씩 받고 시작해서 퇴직할 때 월급이 500만 원으로 그 기간 평균 소득이 월 200만 원이었다면 수급률이 60퍼센트일 때 120만 원을 받게 되고 40퍼센트일 때는 80만 원을 받게 되는 것이다. 이처럼 연금이 줄어드는 문제이지 완전히 고갈되어서 못 받게 되는 것은 아니라는 얘기다. 많은 사람이 국민연금이 불안하다고 해서 일반 보험사의 연금에 가입해서 노후준비를 하는데 적어도 국민연금은 일반 보험사보다 부도위험이 낮다.

그렇다고 노후준비를 전적으로 국민연금에만 의존하라고 할 수는 없다. 국민연금에서는 국민의 가장 기본적인 노후준비를 위해 안정성과 수익성을 보장하는 대신 보험료 상한선을 두어 특정 계층에 많은 혜택이 돌아가지 않고 전 국민에게 혜택이 돌아가도록 하고 있다.

현재 국민연금 보험료 산정의 기준이 되는 월 소득액은 최저 25만 원부터 최고 398만 원까지다. 그리고 월 보험료 상한선은 소득의 9퍼센트다. 따라서 다달이 내는 보험료 상한선도 35만 8,200원으로 정해져 이 금액까지만 납부할 수 있다. 임의가입자는 최저 99만 원부터 최고 398만 원까지의 소득을 기준으로 산정한다.

▲ 자료: 국민연금 뉴스레터(2010. 8. 31)

# 흑자생활로 가는 투자

동조 현상을 경계하라

저축의 자리를 투자로 대체해서는 안 된다

전문가들의 입을 의심하고 경계하라

불행해지고 싶다면 남과 비교하라

투자가 아닌 소비가 된 내 집 마련의 꿈

부동산 활성화가 아닌 주거복지 정책이 필요하다

삶의 어떤 순간에도 억 단위 돈은 필요치 않다

# 동조 현상을 경계하라

심리학에 '동조 현상'이라는 용어가 있다. 동조는 도로를 무단횡단하는 무리를 무심코 따라 하는 경우처럼 때로는 부정적이기도 하고, 극장 매표소의 줄을 보고 자기도 차례로 줄을 서는 경우처럼 때로는 긍정적이기도 하다.

생활 가운데 동조 현상으로는 바겐세일이라 해서 생각 없이 막 사고 후회하는 것, 패션 같은 유행에 휩쓸리는 것 등이 있다. 또 신문에서 투표율이 높을 것이라는 기사가 나오면 평소에 투표에 관심이 없던 사람들도 '이번에는 투표를 해야겠다'고 생각하게 된다. 여론조사 결과 특정 후보의 지지율이 높다는 기사가 나오면 부동층의 표가 그쪽으로 기운다. 이처럼 평소 자신의 판단과는 다른 판단을 내리거나 판단을 요구하는 어떤 상황에서 다른 사람과 비슷한 결론을 내리는 것을 동조 현상이라고 한다.

동조 현상의 원인은 크게 두 가지로 볼 수 있다. 첫 번째는 정보의 영향이다. 심리학자 무자퍼 세리프의 실험에 따르면 사람에게는 애매한 상황에서 결정을 내려야 할 때 다른 사람들의 결정을 참고하는 경향이 있다고 한다. 정보가 부족하여 판단에 자신이 없을 때는 다른 사람들의 판단에 동조하는 것이 심리적으로 안정감을 주기 때문이다. 낯선 곳에서 맛있는 식당을 찾을 때 사람이 많이 붐비는 식당을 찾는 것도 이와 같은 원리다.

두 번째는 규범적 영향이다. 보통 사람들은 어떤 집단의 의견이 자기 의견과 맞지 않더라도 따라가는 경향이 있다. 이는 심리학자 솔로몬 애시의 실험으로 증명되었다. 선의 길이를 묻는 단순한 질문에서 앞의 사람들이 모두 틀린 답을 했더니 마지막 사람도 똑같이 틀린 답을 했다고 한다. '모난 돌이 정 맞는다'는 속담처럼 굳이 다른 의견을 내서 사회적인 압력이나 집단의 비난을 마주하는 걸 피하려 하기 때문이다. 평소에 짬뽕을 좋아하던 사람도 주위 사람들이 모두 짜장면을 주문하면 똑같이 짜장면을 주문하는 것이 일상적인 예다.

## 투자의 시대가 남긴 것들

2000년대 들어서 사람들의 저축 패턴이 바뀌기 시작했다. 1990년대만 하더라도 돈을 모으기 위해서 이용하는 상품으로는 적금이 대다수를 차지했다. 하지만 IMF 이후 2000년대 들어 저금리 시대가 시작되면서 상황은 완전히 달라졌다. 금융회사들은 '저축의 시대에서 투자의 시대로'라는 구호와 함께 투자를 재촉했다. 물가상승이 금리상승보다 높기 때문에 투자를 안 하면 내 돈이 물가를 따라잡지 못한다는 얘기였다. 이에 따라 투자를 안 하면 큰일 날 것 같은 분위기가 형성됐다. 각종 매스컴에서는 투자 성공 사례를 연일 보도하면서 마치 투자만 하면 큰 부자가 될 수 있을 것 같은 착각을 불러일으켰다. 신문에서는 어떤 펀드가 좋은지 펀드 수익률에 관한 기사가 계속 쏟아져 나오고, 사람들의 금융자산 중 투자자산 비중이 얼마나 늘었는지 경제보고서까지 인용한 기사들도 등장했다. 직장에 출근하면 누구는 어떤 펀드에 가입했네, 누구는 어디에 투자해서 돈을 벌었네 하는 이야기를 수시로 듣게 되었다.

어느덧 사람들은 투자를 당연한 것으로 받아들이게 되었다. 주변 사람들이 다 투자를 하니까 나도 해야 한다는 일종의 투자강박증까지 생겨났다. 투자에 대한 동조 현상이 일어난 것이다. 은행 창구 직원이 펀드를 권유해도 투자 같은 건 해본 적이 없어 불안하다고 거절했던 사람들이 옆집 엄마나 직장 동료가 펀드에 가입했다는 말을 듣고 펀드 가입을 신중히 고려하기 시작했다.

친한 지인이 내게 와서 이런 이야기를 한다고 가정해보자.

"이번에 집을 샀는데 집값이 1억이나 올랐어."

"펀드에 새로 가입했는데 수익률이 100퍼센트가 넘어. 몇 달 사이에 1,000만 원은 벌었나 봐."

이런 이야기를 듣는다면 기분이 어떨 것 같은가?

"이야~, 축하해! 잘 됐다"라면서 진심으로 축하해줄 맘이 생길까?

아마도 그게 전부는 아닐 것이다. 축하는 축하고, 왠지 심장이 쿵쾅거리면서 나도 빨리 무언가 해야만 할 것 같은 조급증에 빠질 것이다. 남들 벌 때 나만 못 벌었다는 소외감마저 느낄 수도 있다. 그래서 결국 더 늦으면 안 될 것 같아 투자의 시대, 그 도도한 대열에 합류한다.

적금 말고는 해본 적 없는 사람들도 이제는 저축 포트폴리오를 구성하면 펀드는 당연히 들어가야 하는 것으로 생각한다. 3년 이상의 중장기 재무목표를 위해서는 펀드를 꼭 해야 한다고 여긴다. 저축을 충분히 하고 있음에도 나의 저축 포트폴리오가 수익률이 낮지는 않은지 걱정하게 된다. 20대는 자산의 몇 퍼센트를 투자해야 하고 30대는 몇 퍼센트를 투자해야 하는지 포트폴리오에 대한 궁금증을 갖게 되기도 한다.

'저축의 시대에서 투자의 시대로'가 만들어낸 현상이다. 하지만 그 구호는 알고 보면 금융회사들의 투자상품 판매를 위한 마케팅에 지나지 않는다. 금융회사 입장에서는 적금상품을 판매하는 것보다 투자상품을 판매하는 것이 마진이 훨씬 많다. 그래서 적금 들러 온 사람에게도 저축보다 투자가 더 나은 수단이라며 펀드상품을 권한다. 소비자 역시 여기저기서 펀드 이야기뿐이니 자연스레 나도 펀드에 가입해야 한다고 생각한다.

## 누군가의 수익은 누군가의 손실일 뿐이다

어느덧 우리는 아침에 일어나서 가정경제보다 대한민국 경제나 브릭스 국가들의 경제를 더 걱정하고 식료품 가격보다 원자재 가격 동향에 더욱 신경을 써야 하는 신세가 돼버렸다.

저금리 시대에는 저축만 해서는 물가를 따라잡을 수가 없으니 투자가 필수라고 하지만 이는 공허한 말장난에 지나지 않는다. 지난 자본주의 역사를 통틀어서 금리가 물가상승보다 낮았던 적은 거의 없다. 물론 경제위기 등으로 물가가 일시적으로 치솟는 경우는 있었지만 이 상태가 지속되지는 않는다. 지난 10년간도 저금리라서 투자를 해야 한다고 부추겨왔지만 먹거리 가격이 급등했던 2011년을 제외하고는 물가상승보다 금리가 항상 높았다.

상식적으로 생각해보자. 투자를 해서 대박이 난 사람만 물가상승을 따라잡아서 일상생활을 하는 데 무리가 없고, 투자를 못 한 사람은 물가상승을 못 따라가서 먹고사는 데 큰 어려움을 겪는다고 가정을 해보자. 이런 사회가 유지될 것으로 생각하는가? 물가상승의 문제는 한국은행에서 통제해야 할 문제이지 애당초 개인이 해결해야 할 문제가 아니다.

더구나 '저축의 시대에서 투자의 시대로'라는 말이 성립하기 위해서는 모두가 돈 버는 투자시장이 존재해야 한다. 온 국민에게 투자가 필수라고 부르짖었으니 온 국민이 투자를 하면 돈을 벌 수 있어야 한다. 누구나 투자공부를 해서 똑똑하게 투자하기만 하면 돈을 벌 수 있으리라고 선동했지만, 아무리 공부를 많이 해도 모두가 돈을 버는 것은 불가능하다. 투자공부를 한 사람들 안에서 다시 순위가 매겨질 것이고 그중 누군가는 돈을 벌고 누군가는 여전히 돈을 까먹는다.

그리고 투자시장의 속성상 돈을 버는 사람보다는 돈을 까먹는 사람이 많을 수밖에 없다. 투자를 통해서 누군가 큰 수익을 얻기 위해서는 더 많은 누군가가 손실을 보아야 하기 때문이다. 로또 당첨 원리와 동일하다. 로또의 당첨금액이 높아지려면 많은 사람들이 사야 한다. 5,000원, 10,000원씩 산 금액이 모여서 누군가에게 수십억 단위의 당첨금으로 지급되는 것이다. 사는 사람이 없으면 고액의 당첨금 또한 나올 수 없다.

국민이 투자를 많이 한다고 해서 화폐발행 총액이 바뀌는 것이 아니다. 즉 내 주식이나 부동산의 가격이 올랐다는 것은 누군가의 돈이 나에게로 옮겨온 것이다. 결국 누군가의 수익은 누군가가 손실이 있어야 가능하다. 그래서 경제학에서는 주식이나 부동산을 투자라고 이야기하지 않고 부의 이전이라고 표현한다.

결국 투자는 늘 손실 가능성을 염두에 둬야 하는 행위다. 그래서 투자는 여유자금으로 하라는 이야기를 많이 한다. 이 여유자금이란 어떤 돈일까? 쉽게 말해서 나한테 없어도 일상생활을 하고 아이들 학교 보내고 필수 재무목표를 채우는 데 지장이 없는 돈이다. 그러니까 까먹어도 상관없는 돈을 이야기한다. 당신에게 까먹어도 되는 돈은 얼마인가? 딱 그만큼이 당신이 투자를 해도 되는 여유자금이다.

## 동조 현상

동조는 같을 동(同)에 고를 조(調), 즉 같은 것을 고른다는 뜻이다. 집단 구성원이 집단의 압력에 굴복하여 자신의 신념이나 행동을 자발적으로 변화시켜 그 규범을 따르는 현상이다. 그러나 남들이 원하는 대로 다 따라 하는 것이 아니며, 혼자 있을 때 행동하는 방식과 다르게 행동하는 것을 가리킨다.

## 물가상승에 대한 공포심의 오류

인플레이션 심리조장은 경제불황 시 정부가 취하는 방법 중 하나다. 일반적으로 경기불황 시에는 금리를 일정 수준 이하로 내리고 돈을 많이 풀어 유동성을 늘려서 기업들의 투자와 가계의 소비를 유도하게 된다. 그러나 경기가 더욱 나빠질 것이라 예측하면 유동성이 늘어도 기업들은 투자에 나서지 않게 되고 가계는 소비를 늘리지 않게 된다. 결국 유동성을 공급해도 돈이 돌지 않고 장롱 속이나 통장 속에서만 머무르는 현상이 나타나게 된다. 이런 상태를 유동성 함정이라고 하는데 경제상황이 불확실한 경우 금리를 아무리 내려도 돈이 투자나 소비로 연결되지 않는 모순적인 상황을 말한다. 이런 유동성 함정에 빠지는 것을 막으려면 사람들이 물가가 올라서 돈의 가치가 떨어지게 될 것이라 믿게 하면 된다. 이렇게 하면 돈의 가치가 떨어질 것을 우려한 사람들이 투자 및 소비시장에 나오게 되기에 경기불황 때문에 돈이 돌지 않는 현상을 어느 정도 완화할 수 있다.

이것은 경기불황 시 단순한 유동성 공급만으로는 유동성 함정에 빠지게 되는 문제에 봉착하기에 나온 해법이다. 유동성 함정에서 경제를 탈출시킬 방법은 인플레이션 예상심리를 조장하는 것이다. 인플레이션을 예상하는 이들은 돈을 그냥 비축해두려고 하지 않는다. 따라서 신용수축기에는 대부분 유동성 공급과 인플레이션 심리조장을 병행한다. 지난 10년간 풍미했던 '저축의 시대에서 투자의 시대로'라는 구호 또한 경기활성화를 위한 인플레이션 심리조장의 하나로 볼 수 있다.

인플레이션은 반드시 투자를 통해 헤지해야 할까?

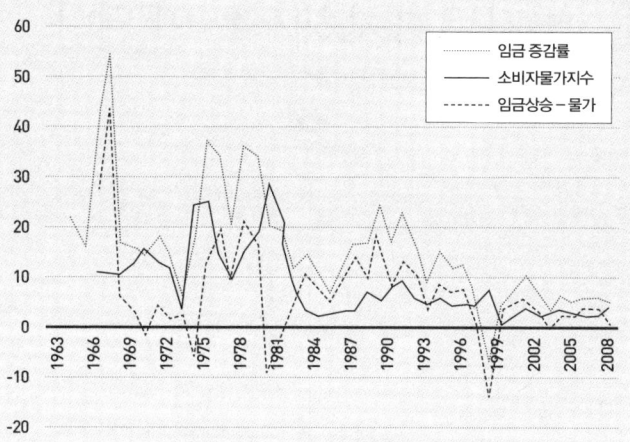

인플레이션, 즉 물가상승을 헤지하려면 투자를 해야 한다는 금융사들의 주장은 과연 타당한 것일까? 차근차근 살펴보면 얼마나 허황된 말장난인지를 확인할 수 있을 것이다.

물가상승률과 비교해야 할 개념은 투자수익률이 아니라 임금상승률이다. 물가가 올라가는 만큼 사회적인 임금이 올라가는지를 살피는 것이 필요하다. 위 그래프를 보자. 회색 점선이 임금상승률, 검은색 실선이 물가상승률이다. 경제불안으로 경기가 극도로 안 좋았던 시기를 제외하고는 물가보다 임금상승률이 훨씬 높다. 지난 10년간의 자료를 분석해봐도 물가상승은 39퍼센트, 임금상승은 70퍼센트를 기록하고 있다. 즉 물가상승보다 소득 상승률이 훨씬 높다는 얘기다. 이는 임금의 상승이 물가의 상승을 충분히 헤지해주고 있음을 의미한다.

노동력 또한 시장에서 돈으로 거래되는 서비스 중 하나이기에 다른 물가만 오르고 노동력만 그대로일 수는 없다. 모든 재화와 서비스를 생산하는 데 노동력은 필수요소임을 고려하면 답은 금방 나온다.

# 저축의 자리를
# 투자로 대체해서는 안 된다

저금리 시대, 가장 큰 화두가 바로 금융권에서 주장하는 저축 무용론이다. 금융권에서는 저축은 손해라는 주장을 쏟아내면서 저축의 자리를 투자에 내어줄 것을 종용했다. 앞서 언급한 것처럼 물가상승률에 비해 금리상승률이 낮기에 시간이 지날수록 돈의 구매력이 떨어져 손해를 본다는 것이다. 거기에 이자 소득세까지 떼는 것을 강조하면서 저축하느니 빈 병 모으는 것이 낫다는 식의 극단적인 저축 회의론을 유포하였다.

이러한 저축 무용론, 저축 회의론은 사람들에게 큰 영향력을 발휘했다. 2퍼센트대의 저축률이 말해주듯이 우리나라 사람들은 저축에 대한 동기가 상당히 낮아졌다. 예를 들어 예전 같으면 냉장고나 세탁기 등 가전제품을 구입하기 위해서는 우선 저축을 했다. 하지만 요즘은 겨우 가전제품 사기 위해서 돈을 모은다고 하면 시대에 뒤떨어지는 사람 취급을 당한다. 자연히 저축은 사람들의 일상에서 멀어진다. 이러한 주변 상황과 시각이 사람들의 의사결정에 영향을 미치는 것은 당연한 일이다. 이를 고려할 때 금융권의 저축에 대한 부정적인 마케팅은 사람들의 저축 동기를 꺾어 우리나라가 저축률 꼴찌 국가라는 불명예를 안는 데 한몫했다고 할 수 있다.

그런데 저축에 대한 회의론이 자라면서 금융권이 의도한 대로 금융투자가 늘어난 것은 아니다. 오히려 소비만 늘어났다. 이것은 가계저축률을 살펴보면 알 수 있다. 현대경제연구원이 2013년에 발표한 〈가계저축률 급락과 파급 영향〉 보고서에 따르면 국내 가계저축률은 1990년대 이후 급격한 하락 추세를 보이고 있으며 OECD 국가 중에서도 저축률이 낮은 국가에 속한다고 한다. 1990년대까지 20퍼센트 안팎이던 가계저축률은 2011년 2.8퍼센트까지 하락했다. OECD 국가들의 평균 저축률이 5.3퍼센트인 것을 감안하면 절반 수준이고, 독일이나 스위스에 비하면 4분의 1 수준에 불과하다. 결국 개인순저축률의 하락은 저축의 동기가 저하되면서 소비가 늘었음을 보여주는 것이다.

## 저축이란 소비를 지연하는 행위

경제학적으로 저축의 본래 의미는 투자 성과, 즉 이자율이나 수익률의 크기와 관계없이 현재의 소비를 미래의 소비로 지연하는 행위다. 저축은 미래에 목돈을 써야 할 일에 대비하기 위해 미래 시점까지 고려해서 현재 소득을 재분배하는 경제적 의사결정이다. 그러므로 미래에 돈이 필요한 재무사건에 대비하는 일이 이자율이 낮다고 해서 불필요해지지는 않는다. 오히려 저축이 없으면 목돈이 필요할 때 빚을 내게 된다. 결국 금융비용을 부담하게 되는 것이다.

물론 물가가 올라버리면 원금이 확정적으로 보장된다고 해도 구매력이 감소하므로 손해 보는 일이 될 수도 있다. 그리고 금융사 종사자들이 저축을 대신해 투자를 하라고 강조하는 것도 그런 이유를 들어서다. 그러나 대상이 무엇이든 모든 투자수익은 불확실하며 미래 시점에서 실현된다. 즉 투자수익은 플러스가 될 수도 있고 마이너스가 될 수도 있다. 저축을 대신한 투자라면 플러스 투자 성과가 발생할 때만 유효하다고 할 수 있다. 마이너스가 되어버리면 꼭 필요한 미래 소비를 포기해야 한다. 예를 들어 전세금 인상분을 마련하거나 자녀의 대학등록금 등을 위해 투자를 했다고 하자. 그런데 돈을 써야 할 시점이 닥쳤을 때 투자 성과가 마이너스가 되고 극단적으로 원금까지 까먹은 상황이라면 어쩔 수 없이 빚을 내야만 한다.

미래의 수익률이 불확실하므로, 꼭 필요한 미래 소비를 대비한 저축 재원으로 투자해서는 안 된다. 그보다는 미래 소비를 대비하여 저축을 한 다음, 잉여소득으로 투자하는 것이 바람직하다. 저축할 돈으로 투자해서는 한마디로 인생을 건 도박이 되어버릴 수 있다. 저축과 투자는 확실히 다른 경제적 행위임을 알아야 한다. 그러니 저축을 투자로 대체하라는 금융사의 선동은 도박을 부추기는 것과 마찬가지다.

# 전문가들의 입을
# 의심하고 경계하라

"코스피지수 사상 최고치 경신"

"주택가격지수 11년으로 최고치 기록"

신문에서 위와 같은 글을 보면 어떤 기분이 드는가? 많이 올랐으니 이제는 슬슬 차익 실현을 해야 할 때라고 느끼는가? 아니면 앞으로 더 오를 것 같다는 생각이 드는가?

이런 상황에서는 많은 사람이 후자에 무게를 둔다. 올랐다는 이야기가 전해지면서 나도 빨리 그 대열에 동참해야 한다는 마음에 괜히 조급해진다.

경제학을 잘 모르는 사람이라 하더라도 수요·공급곡선의 기본 원리는 알고 있을 것이다. 일반적으로 가격이 오르면 수요가 줄어든다. 예를 들어 1잔에 5,000원 하던 커피의 가격이 어느 날 갑자기 1

잔에 1만 원으로 올랐다고 가정해보자. 밥보다 커피를 즐길 정도로 굉장한 마니아가 아니고서는 커피의 소비를 줄일 것이다. 식사 후 입가심할 거리가 필요하다면 커피가 아닌 다른 음료를 선택할 것이다.

## 우리가 흔히 반복하는 투자 오류

일반적인 시장에서는 생활에 꼭 필요한 물건이 아닌 한 가격이 오르면 사고자 하는 사람이 줄어들어 상품의 소비량도 감소한다. 그런데 주식이나 부동산 같은 자산시장에서는 상품들이 판매되는 시장과는 전혀 다른 메커니즘이 작동된다.

예를 들어 종합주가지수가 연일 최고치를 경신하고 있다고 가정해보자. 증권사마다 계속해서 전망을 상향 조정하고 언론에선 온갖 장밋빛 전망이 넘쳐날 것이다. 신문, 방송의 경제 관련 뉴스에선 주식시장의 낙관론이 주요 기사로 자리 잡는다. 이처럼 주식시장의 상승 분위기가 전해지면, 평소 투자에 관심이 없던 사람들도 투자를 검토하게 되고 적립식 펀드의 자금 유입량이 급증한다. 심지어 빚을 내서 투자에 나서는 사람까지도 등장한다. 커피 가격이 사상 최고치라고 하면 커피를 안 마시는 사람이 늘지만, 주가가 사상 최고치라고 하면 평소 주식투자에 관심이 없던 사람까지도 투자에 나서는 것이다.

이렇게 주식에 투자하고자 하는 수요가 늘어나면 자연히 주식시장으로 돈이 몰리고, 돈이 몰리니 주식의 가격은 더욱 올라간다. 일반 시장과는 달리 자산시장은 가격이 올라가면 올라갈수록 수요가 점점 늘어난다. 그리고 그것이 동력이 되어 가격은 더욱 올라간다. 돈을 들고 주식시장으로 달려오는 사람이 더는 없을 때까지 상승이 상승을 부르는 열기는 지속된다.

이를 두고 예일 대학교 경제학 교수인 로버트 쉴러는 《야성적 충동》에서 언론을 통한 이야기가 시장에 영향을 미친다고 표현했다.

언론을 통한 이야기는 가격 상승의 기대심을 만들고 가격이 올랐기에 다시 가격이 오르는 가격 간 피드백 현상이 발생하는 것이다. 그래서 자산시장의 속성은 비쌀수록 잘 팔리는 명품시장과 닮은 면이 있다.

이는 하락장에서도 마찬가지다. 주가가 폭락했다는 기사가 나오면 싸니까 사야겠다고 생각하기보다 있는 주식마저도 팔아버리는 사람이 늘어난다. 결국 주가가 떨어질 때는 공포심에 투자를 포기하거나 적립을 중단해버리고, 주가가 오르면 투자를 확대하면서 평균 매입단가를 높이는 오류를 반복한다.

보통 사람들이 흔히 반복하는 투자 오류가 이런 것이다. 상승하는 장에서는 자기 혼자만 상승의 혜택을 누리지 못하는 것 같아 박탈감을 느낀다. 이 박탈감은 뒤늦게 무모한 투자를 감행하게 한다. 무리한 투자를 했으니, 원하는 수익을 올리지 못하고 하락하기 시작하면 공포심에 휩싸인다. 결국 더 떨어지기 전에 원금 일부라도 건져야 한다는 심정으로 손해 보고 팔아치우는 것이다.

## 전문가로 둔갑하여 언론을 장식하는 중개인들

이처럼 상승 분위기에서 소외되지 않으려는 심리와 하락의 변동성을 인내하지 못하는 심리적 나약함이 투자의 가장 큰 위험이다. 소비자들로 하여금 냉정한 투자를 하도록 하기 위해서는 상승의 유혹이나 하락에 대한 지나친 경고를 경계하라고 알려주어야 한다. 그러나 언론은 늘 극단을 오간다. 상승 분위기가 감지되면 낙관론자들의 전망치가 더 비중 있게 다뤄지고, 하락장에서는 상승장에서 비주류였던 비관론자들의 말을 전면에 내세운다.

여기서 더 큰 문제는 언론에서 인용하는 전문적 견해라는 것이 실은 전문가라기보다는 본질적으로 중개인인 이들로부터 나온다는 점이다. 따라서 소비자들이 투자 의사결정에 중요하게 참고하는 전문가들의 견해가 말 그대로 전문적인가를 의심해야 한다. 우리가 흔히 접하는 금융전문가의 상당수는 금융회사 직원들이다. 언론을 통해 등장하는 금융전문가 중에서는 은행의 PB와 증권사의 애널리스트가 가장 대표적이다. 그 외에도 보험회사 컨설턴트나 보험대리점(일명 GA)의 개인 금융컨설턴트가 전문가로 불린다. 이들의 이야기가 기사나 칼럼 등을 통해 전문가의 견해라고 소개되는 것이다.

소비자들이 금융상품을 선택할 때 정보를 얻기 위해서는 금융회사 직원들에게 자사 상품에 대한 안내를 어느 정도는 받아야 한다. 하지만 자사 상품의 안내나 홍보가 거기서 그치지 않고 전문가의 전문 정보라고 둔갑하는 것이 문제가 된다. 특히 지금처럼 금융회사 간

경쟁이 치열한 상황에서는 더욱 신경 써서 따져볼 일이다. 특정 금융투자상품에 대해 그들이 알려주는 긍정적인 정보가 마케팅 활동의 일부는 아닌지 말이다.

투자상품에 대한 객관적이고 전문적인 정보라면 상승에 대한 기대심을 불러일으키는 정보보다 투자의 위험성에 대한 경고가 더욱 중요하게 다뤄져야 한다. 그러나 금융전문가들의 정보에서 투자의 위험성에 대한 경고는 언제나 사소하거나 하찮게 다뤄진다. 금융회사 소속의 전문가들은 금융상품을 중개하고, 그에 따른 이익을 취하는 집단이다. 당연히 거래가 활성화되어야만 수수료 수입이 늘어난다. 거래가 활성화되기 위해서는 투자 전망이 부정적이어서는 안 된다. 매수세가 줄어들면 그만큼 시장의 거래가 줄어들기 때문이다. 결국 중개 수수료에 의존하는 전문가 집단은 투자 전망에서 낙관적인 면을 강조할 수밖에 없고, 위험은 최대한 축소하는 전망을 내놓을 수밖에 없다.

이런 면은 부동산시장에서도 마찬가지다. 언제부턴가 우리는 언론을 통해 부동산 중개인이 전문가의 타이틀을 달고 시장 동향이나 전망에 대한 견해를 밝히는 것을 자주 보게 되었다. 거래 중개를 하는 업체의 팀장이나 대표가 전문가로 둔갑한 것이다. 그들 또한 거래량이 그들의 수입을 결정하며, 시장 전망이 낙관적일 때 거래가 늘어나게 마련이다. 그래서 가격이 오를 것이란 믿음을 유포하여 사람들이 무리를 해서라도 부동산투자를 하도록 유도하는 것이다.

결국 언론을 통해 자주 등장하는 전문가들이란 본질적으로 거래에 따르는 중개 수수료를 챙기는 중개인일 뿐이다. 많은 소비자들이 언론을 통해 투자 정보를 얻는데, 환상에 빠지지 않고 냉정하게 판단을 내리려면 무엇보다 중개인들의 마케팅 선동을 경계해야 한다.

# 불행해지고 싶다면 남과 비교하라

　기사 중에서 가장 인기 있는 것은 단연 연예인과 관련된 기사일 것이다. 인터넷 포털 사이트에서도 인기 검색어 1위를 차지하는 건 매일같이 연예인 관련 내용이다. 그만큼 연예인들 이야기는 많은 사람의 관심과 이목을 집중시킨다. 뿐만 아니라 재테크 혹은 소득이나 보유 자산에 관한 뉴스도 실제 상황 이상으로 주목을 받는다.

## 박탈감 부르는 연예인 대박 기사

　인기 연예인이 결혼하면 신혼집을 어느 동네에 차린다는 둥, 그 주택의 가격이 최소 몇억에서 몇백억까지 호가한다는 둥 온갖 정보가 인터넷을 도배한다. 때로 주식시장의 강세로 주가가 고공행진을 하는 시기에는 어느 연예인이 주식으로 대박을 챙겼다느니 하는 기사가 종일 포털을 달구고, 모 스포츠 스타가 수십억에 달하는 상가 건물을 매입했다는 내용도 단골로 등장하는 기사다. 가뜩이나 상상을 초월하는 돈을 벌고 있는 그들이 주식이나 부동산으로 엄청난 돈을 벌었다는 얘기는 보통 사람들에게 듣는 것만으로도 박탈감을 느끼게 한다.

그런데 이런 점을 기자들은 전혀 개의치 않는다. 듣는 이들이 불편해하건 말건 새로 산 집의 가격이 얼마이고 어떻게 생겼으며 보안카메라가 어디어디 배치되었는지까지 지나칠 정도로 상세하게 보도한다. 어떤 때는 그 사람의 프라이버시를 누가 더 잘 캐내는지 경쟁을 하는 것처럼 보이기도 한다.

물론 애초에 보통 사람들과 다른 세계에 속한 사람이라고 조금은 거리를 두고 바라보면 되지 않겠느냐고 반문할 수도 있을 것이다. 그러나 지금과 같이 전세난이 가중되고 치솟는 물가로 가계부에 그늘이 지는 상황에서는 일부 연예인의 비현실적으로 보이는 자산과 재테크 실적 자랑은 사람들에게 좌절감을 줄 수밖에 없다. 또한 이 좌절감은 재무적 무력감으로 연결된다.

그러면 당연히, 자신이 버는 돈이 얼마이건 대부분 자신의 소득에 불만을 품을 수밖에 없다. 근본적으로 소득이 적으니 관리할 것도 없다고 여기는 것이다. 그래서 사람들은 연봉 수준과 관계없이 돈을 잘 관리해야 한다는 말만 들어도 조건반사처럼 이렇게 말한다. "관리할 돈이 있어야지."

말로만 그러는 게 아닙니다. 실제로 대부분 사람은 자신의 소득이 얼마이고 매월 어디에 얼마를 쓰는지 따져보지 않는다. 심지어 카드대금 결제에 허덕이느라 소득의 상당 부분이 금융비용으로 지출되고 있는 상황에서도 무력감을 떨쳐낼 방법을 찾지 않는다.

사회 전반에 몇억 자산이라는 말이 흔하게 거론되고 몇억짜리 주택을 구입해서 큰 수익을 얻었다는 이야기가 지배적인 상황에서, 자신만 몇 푼 안 되는 소득을 쪼개 지출을 따져야 한다는 자괴감을 느끼는 것이다. 언론을 통해 양산되는 일부 부자들의 이야기, 선망의 대상인 연예인들의 지나치게 풍요로워 보이는 삶의 단면들이 사람들로 하여금 자신의 삶과 비교하고 절망하게 한다.

댄 그린버그는 《자신을 불행하게 만드는 법》에서 "자신의 삶을 정말로 불행하게 만들고 싶다면 자기 자신을 다른 사람과 비교하는 법을 배우라"고 했다. 우리는 광고와 마케팅 때문에 매 순간 스스로를 가상의 것과 비교하는 삶을 강요받고 있다. 그것도 모자라 연예인들의 사생활 보도를 접하면서 자신의 삶이 이유 없이 초라해지는 느낌을 받으며 한숨짓는다. 더욱이 이런 박탈감이 위험하고 무모한 재테크 정보에 쉽게 자극받아 묻지마 투자로 이어질 위험을 끌어안고 산다.

그럼에도 각종 기사들은 박탈감을 조장하는 데서 끝나지 않는다. 하루에도 수십 개의 기사가 연예인들의 패션과 피부관리, 타고 다니는 자동차까지 명품으로 치장하는 그들의 일상을 소개한다. 해외 스타 2세들이 입고 있는 옷과 장난감, 마시는 물까지 시시콜콜 써댄다. 그리고 이것은 업체의 마케팅 소재로도 활용되어 보통 사람들의 구매 욕구를 자극한다. 결국 좌절감과 박탈감은 사람들의 소비 습관을 수동적이고 충동적으로 만드는 경향이 있다. 신중하게 소비하는 모습을 지혜롭고 합리적인 소비로 여기는 것이 아니라 쩨쩨하고 구질구질하게 느끼게 하기 때문이다. 그렇게 충동적인 소비를 하고 현금 흐름이 왜곡되면서 사람들은 점점 더 '큰돈'을 벌어야 할 것 같은 강박에 내몰리게 된다. 어느 지점에서 사슬을 끊어내지 않으면 끝없이 지속될 안순환의 고리다.

별로 아름답지 않은, 돈 냄새만 가득한 연예인 혹은 사회지도층 관련 뉴스는 이제 그만 전해줬으면 좋겠다. 어느 선진국에서는 기업 임원들이 지하철을 타고 출퇴근하는 것이 자연스러운 것이라고 인식되어 있다고 한다. 그런데 우리 사회에서 그런 인식은 너무나 아득한 일이 되었다. 소박하고 검소한 생활을 존경하고, 그렇게 살기를 원하게끔 하는 내용으로 점점 채워가면 어떨까.

# 투자가 아닌 소비가 된
# 내 집 마련의 꿈

　일반적으로 투자에 대한 의사결정을 할 때는 정보의 영향을 많이 받게 된다. 즉 어떤 정보를 받아들이느냐에 따라 투자 의사결정은 완전히 달라질 수밖에 없다. 예를 들어 대한민국에서 부동산에 대한 믿음은 '부동산 불패신화'로 불릴 정도로 절대적이다. 부동산은 언제나 안전하다는 믿음, 부동산투자의 수익성이 가장 좋다는 믿음, 대한민국의 부동산은 다르다는 믿음들이 모여서 부자가 되려면 부동산밖에 없다는 믿음으로 발전했다.

　부동산이 계속 오르던 시기에는 지금 집을 사지 않으면 평생 집 장만을 못 하게 될 것이라는 불안감에 집을 사는 사람이 많았다. 그렇게 수년간 부동산 가격이 상승하다 보니 정박효과가 발생해 부동산은 계속 오를 것이라는 일종의 불패신화까지 생겼다. 앞으로 오른다는 것을 전제로 의사결정을 하다 보니 억 단위의 큰 빚을 내서 집을 사는 것도 당연하게 받아들였다. 오른다는 믿음이 있었기에 막연히 투자수익만 기대하고 위험이나 비용에 대해서는 전혀 생각하지 않았다. 한동안 그런 식으로 너도나도 부동산시장에 뛰어들었다.

## 집값이 올라도 돈을 못 버는 이유

하지만 부동산이 부자를 만들어준다는 믿음은 현실을 들여다볼수록 고개를 갸우뚱하게 한다. 부동산 가격이 상승해서 자산가치가 높아졌는지는 모르나 부자로서 살지는 못한다. 소득도 그대로고, 집이 하나인 것도 그대로다. 때로는 자기 집을 다른 사람한테 세주고 정작 본인은 세입자보다 좁은 집에서 살기도 한다. 통장의 돈은 대출 상환하느라 오히려 줄어들고 있다. 그런데도 다만 올라간 자산가치 때문에 부자가 되었다고 착각하는 것이다.

다음의 사례를 통해 부동산 가격이 올라도 왜 돈이 안 되는지 그 이유를 살펴보자.

민 씨는 2006년 여름에 집값의 3분의 2나 대출을 끼고 서울 인근 지역에 아파트를 샀다. 다소 무리한 대출이었기에 처음에는 불안했지만 집값이 2억 7,000만 원에서 4억 원으로 1억 3,000만 원이나 뛰어오르자 불안한 마음은 이내 뿌듯한 마음으로 바뀌었다. 최근 들어 금융위기가 진정되는 기미가 보이고 부동산 가격이 들썩인다는 기사가 나오기 시작하자 민 씨는 더 늦게 전에 좀 더 투자가치가 있는 아파트로 갈아타려 하고 있다. 민 씨의 남편도 자기가 버는 돈만으로는 집을 사는 것이 불가능하니 빚을 더 내서라도 투자금액을 늘리자고 민 씨를 부추기고 있다. 대한민국에서 부자로 살려면 역시 부동산밖에 없다면서 이제는 서울에 있는 아파트로 진입하기 위해 부지런히 뛰어다닌다. 전셋값 상승이니 청약 열풍이니 하며 부동산 가격이 들썩이기 시작한다는 기사들을 자꾸 보니 지금 서울 진입에 실패하면 평생 서울 아파트를 못 살 것 같다는 생각이 드는 것이다.

내 자산의 가치가 1억 넘게 오른 것은 분명 기분 좋은 일이다. 맞벌이를 해봐야 1년에 2,000만 원 모으기도 힘든 세상에서 집 하나로 3년 만에 1억 넘는 돈이 생겼으니 마음이 들뜨는 것이 당연하다. 그러나 그 들뜬 마음이 현실과 부딪히며 오류를 낳고 만다. 단지 집값이 올랐을 뿐이다. 더욱이 내 집값만 오른 것도 아니기에 차익 실현을 해서 남은 돈을 통장에 넣어둘 수도 없다. 이런 상황에서 가장 안 좋은 점은 쓸 수 있는 돈이 늘어난 것도 아닌데 돈 벌었다는 생각에 소비를 늘리는 것이다.

민 씨 가정도 마찬가지였다. 집값이 올랐으므로 그동안 타고 다니던 차를 팔고 외제차를 장만했다. 부부가 같이 골프를 배우기 시작해서 주말이면 외제차를 타고 교외로 나가곤 했다. 그러는 사이 담보대출 말고도 마이너스통장, 퇴직금 담보대출, 약관대출이 추가됐다. 이런 상황인데도 부부는 주변에 개발 호재가 있어서 집값은 앞으로 더 오를 거라며 마음놓고 있다. 집값만 오르면 다 해결될 거란 생각이다.

현실을 냉정히 따져보자. 집값이 오르기는 했지만 그동안 낸 이자만 4,000만 원이 넘는다. 아파트 구입에 따른 취·등록세, 재산세, 중개수수료, 이사비용, 인테리어비용 등을 합하면 이것도 2,000만 원이 넘는다. 게다가 구입 당시의 담보대출 1억 8,000만 원이 있으니 월 400만 원 소득에 대출이자로만 매월 100만 원 가까이 지출된다. 그러다 보니 생활비가 부족해 마이너스통장을 끌어 쓸 수밖에 없는 구조가 되었다. 주택 구입 이후 새로 생긴 부채만 6,000만 원이다. 오른 집값보다 더 큰 비용을 치르고 있는 것이다. 돈이 돈을 버는 환상을 좇다가 돈을 벌기는커녕 빚이 빚을 내는 현실에 몰린 것이다.

### 강제저축이 아닌 부동산 부채

부동산 매입으로 발생한 부채에 대해서는 흔히들 '강제저축'이라고 생각한다. 어느 정도의 빚이면 그것을 갚기 위해 생활비도 아껴쓰게 되지만, 집을 사느라 생긴 빚은 어차피 집값이 오르면서 해결된다고 생각하는 것이다. 그래서 억 단위의 대출에 대해서 큰 위기의식이 없다. 민 씨도 1억 8,000만 원이라는 대출금은 큰돈이지만 100만 원이라는 이자는 상대적으로 적은 돈이기에 대출을 쉽게 결정했다. 하지만 20년간 부채를 갚게 될 거란 생각은 못 하고 있다. 강제저축이라기보다는 20년짜리 장기 은행 월세인 셈이다.

그런데 43세인 A씨 남편의 직장 생활이 점점 불안해지고 있다. 합쳐서 2억 4,000만 원의 빚이 있지만 직장 생활은 길어야 7년이다. 빚을 갚으려면 앞으로 남은 연봉을 모두 거기에만 써야 할 판이다. 당연히 이렇게 하는 건 불가능하다. 지금도 생활비가 부족해서 마이너스통장 없이는 생활이 안 되는 상황인데 앞으로 지출은 점점 늘어날 것이기 때문이다.

교육비만 해도 그렇다. 현재 두 아이가 초등학교 6학년과 5학년인데 의무교육인 중학교까지는 어떻게든 버틸 수 있겠지만 고등학교부터는 이야기가 달라진다. 등록금과 육성회비, 보충수업비, 교재비, 급식비 등 공교육에 드는 비용만 해도 월평균 50만 원 가까이 된다. 이 시기가 3년도 채 남지 않았다. 이런 상황이라면 아이들 대학등록금 마련은 꿈도 못 꾼다. 이쯤 되면 부동산 가격이 더 오르고 떨어지고가 중요치 않다. 당장의 삶이 휘청거릴 수 있다.

민 씨의 집값은 앞으로 더 오를지도 모른다. 그렇다고 수억 원을 버는 것은 아니다. 하지만 지금 상황을 고수함으로써 치러야 하는 대가는 너무나도 크다. 더구나 앞으로 부동산 가격이 떨어지지 않을 것이라고는 누구도 보장해줄 수 없다. 혹시라도 가격이 떨어진다면? 민 씨의 자녀는 급식비도 밀려서 친구들의 눈치를 봐야 할지도 모른다. 대학에 가서는 자신들의 등록금과 용돈을 직접 마련해야 할 뿐 아니라 퇴직한 아버지를 대신해 가정의 생활비까지 벌어야 하는 현실에 놓이게 된다. 거기다 오래된 빚도 갚아야 한다.

빚을 내서 집에 투자해 집값이 오르면 돈을 벌 수 있다는 믿음은 상당히 잘못된 것이다. 투자에서 차익은 매매를 해야만 발생한다. 즉 싸게 사서 비싸게 팔아야 돈을 벌 수 있다. 행동경제학 이론을 보면 보통의 사람들은 어떤 물건이나 상태를 실제로 소유하고 있을 때는 그것을 갖고 있지 않을 때보다 그것을 높게 평가하는 경향이 있다고 한다. 이것을 보유효과라고 한다. 소유한 물건을 파는 것은 손실로 여기고 반대로 그것을 손에 넣는 일은 이익으로 느낀다는 것이다. 민 씨의 예를 보면 결국 자신이 소유한 집에 대해 집착하게 된다는 얘기다.

우리나라 사람들은 집을 단지 차익 실현의 도구로만 여기지 않는다. 그보다는 주거안정에 대한 열망과 유주택자라는 신분상의 만족감을 더 크게 여긴다. 집에 대한 이런 종류의 집착은 매매를 통한 차익 실현을 어렵게 한다. 집값이 올라도 오른 만큼 돈을 벌 기회를 붙잡지 못하는 셈이다. 실제로 대부분의 사람은 빚내서 집을 매입한 후 집값이 올랐어도 여전히 그 집에 살고 있다. 올랐으니 이제 팔아서 빚도 갚고 차익도 실현하라는 조언에 진지하게 귀 기울이는 사람은 거의 없다.

## 내 집 마련은 투자가 아닌 소비

집을 소유한다는 것은 엄밀히 따져볼 때 소유를 위해 비용을 지불한 소비 행위로 이해해야 한다. 주거안정과 다른 사람들과의 비교우위를 위해 내 집을 마련했으니, 투자가 아니라 소비로 봐야 한다. 우리나라 주택가격지수가 한때 11.5년(11.5년 동안 한 푼도 쓰지 않고 모아야만 살 수 있는 가격)이었으니 집에 대해 대단한 과소비를 하고 있었다고 하겠다.

지난 몇 년간 저축률은 낮아지고 주택과 교육비 등으로 소비가 증가했다. 금융사들의 투자 마케팅은 자산 증식으로 착각할 수 있는 주택에 과소비하도록 부추기고 저축만으로는 미래가 불안하다는 공포심을 야기했다. 이러한 공포심은 다시 자녀 교육에 대한 공포로 연결되어 사교육 열풍에도 무게를 더했다.

지난 수십 년 부동산은 계속 오르기만 했다. 하지만 과거에 부동산 가격이 상승한 것과 앞으로 부동산 가격이 오를지 내릴지와는 상관관계가 별로 없다. 게다가 집값이 계속 오를수록 집을 못 사는 사람이 많아질 터이니 수요가 줄어서 부동산 가격이 조정받을 확률이 커진다. 그럼에도 사람들은 부동산 불패신화라는 닻을 내리고 있기에 부동산 가격이 하락할 수도 있다는 가정을 하지 못한다.

이와 같은 심리적인 닻에서 벗어나려면 자신이 갖고 있는 정보나 생각을 자꾸 뒤집어 봐야 한다. 객관적인 정보를 취하고 의도적으로 여러 가지 경우의 수를 따져봐야 판단의 오류를 줄일 수 있다.

# 부동산 활성화가 아닌 주거복지 정책이 필요하다

예쁘고 아늑한 집에서 사는 거, 어렵지 않아요. 전세로 살려면 서울시 평균 전셋값 2억 3천만 원만 있으면 돼요. 2억 3천만 원은 여러분의 평균 월급인 200만 원을 10년 동안 숨만 쉬고 한 푼도 안 쓰고 모았을 때 만들 수 있는 돈이에요. 이렇게 십 년 동안 숨만 쉬고 모은 돈을 전세금으로 쓰면 임대차 보호법에 의거 2년 동안만 잠시 여러분 집이 돼요. 그럼 2년 동안 또 숨만 쉬고 모은 돈을 가지고 더 큰 집으로 전세를 얻으면 되는데, 2년 사이에 전셋값이 올랐어요. 모은 돈으로 올려주면 돼요.

인기 프로그램인 〈개그콘서트〉의 한 코너에서 최효종 씨가 한 말이다. 문장으로 써놓고 보면 참 슬픈 현실인데 개그의 소재로 쓰였다. 이야기를 듣는 방청객의 웃음이 끊이지가 않았다. 있는 그대로 읊어도 개그가 되는 것이 대한민국의 주거 현실이다.

## 평균만큼 저축하면 서울에 전셋집 장만하는 데 177년

국민은행의 전국 주택가격동향조사(2013년 1월 기준)를 보면 전국 평균 주택 가격은 2억 5,693만 원, 서울은 4억 6,853원이라고 한다. 2인 이상 가구의 월평균 소득이 384만 원임을 고려할 때, 버는 돈을 하나도 안 쓰고 모으면 전국 평균 수준의 집을 마련하는 데 5년 7개월, 서울에 집을 마련하는 데 10년 2개월이 걸린다.

그런데 가계저축률이 2.8퍼센트(2011년 기준)인 것을 고려하면 문제는 더욱 심각해진다. 384만 원을 버는 가구의 월 저축액은 11만 원이 채 되지 않는다. 저축 전부를 집을 사는 데 쏟아붓는다 하더라도 전국 평균 정도의 주택을 구입하는 데는 200년이 걸린다.

물론 꼭 내 집이어야 할 필요는 없다. 하지만 전세가로 따지더라도 서글프기는 마찬가지다. 전세가는 전국 평균 1억 4,195만 원, 서울은 2억 3,490만 원이다. 버는 돈을 모두 모았을 때 서울에 전세를 구하기 위해서는 꼬박 5년이 걸리며, 저축률을 고려하면 177년이 걸린다. 혹시 잘못 계산한 건 아닐까 하고 계산기를 몇 번이나 두드려봤지만 같은 결과가 나왔다.

이제 대한민국의 주거 문제는 보통의 사람들이 정상적인 소득활동을 통해서는 해결하기 어려운 지경에 이르렀다. 웬만큼 벌어서는 제대로 된 전셋집 하나 구하기도 힘들어졌다. 실제로 최근 들어 전세

자금대출이 급증하고 있다. 지난 2011년 10월 말 기준으로 5개 시중은행(국민, 신한, 우리, 하나, 기업)의 자체 전세자금 대출 잔액은 4조 3,142억 원이다(국민주택기금 전세자금대출 제외). 이는 2년 전인 2009년 말 8,765억 원에서 5배나 늘어난 금액이다.

그런데도 전세가 급등과 전세 품귀 현상 탓에 월세로 돌아서는 가구가 증가하고 있다. 한국인구학회가 발표한 〈2010 인구주택총조사 전수결과 심층분석을 위한 연구〉를 보면 주택점유형태 중 전세 비율은 지난 2000년 28.2퍼센트에서 2010년 21.7퍼센트로 떨어졌다. 같은 기간 월세 비율은 12.6퍼센트에서 20.1퍼센트로 올라 줄어든 전세가 대부분 월세로 전환된 것으로 추정된다. 특히 부동산서브에서 분석한 자료에 의하면 보증부 월세에 사는 저소득층은 2008년에 비해 5.78퍼센트가 늘어 저소득 가구의 월세 전환이 급증하고 있는 것으로 나타났다.

부동산서브에서는 또 통계청의 2008~2010년 인구주택 총조사를 분석한 결과 보증부 월세에 사는 저소득층은 2008년에 비해 5.78퍼센트가 늘었으며 중소득층에서는 3.71퍼센트가 늘어났다고 밝혔다. 주거비가 급등하면서 전세대출에 따른 금융비용이 늘거나 월세 부담이 늘어 가정의 재무구조는 점점 취약해지고 있는 것이다.

### 열 집 중 한 집은 최저주거기준에도 못 미치는 현실

37세의 한 부모 가장인 A씨는 네 아이와 친정어머니를 모시고 살고 있다.

30대 중반을 훌쩍 넘긴 고졸 여성인 그녀에게 취업의 벽은 너무나도 높았다. 다행히 동주민센터의 소개로 주민센터 내에서 업무보조를 하며 자활인건비와 생계비를 지원받아 매월 130만 원을 손에 쥘 수 있었다. 하지만 30만 원을 월세로 내고 나면 여섯 식구가 생활하기에는 늘 부족했다. 거기에 여섯 식구가 좁은 단칸방에 모여 살다 보니 가족 모두 스트레스가 심했고, 특히 큰아이는 정신장애까지 생겨 병원 치료도 받고 있다. 좀 더 넓은 곳으로 이사하고 싶지만 저축 여력이 없다 보니 통장에 모이는 돈은 거의 없다. 혹시 만기 때 집주인이 월세를 올려달라고 하지는 않을까 걱정만 커져간다.

의식주를 일컬어 인간생활의 3대 요소라고 한다. 과거에 비해 경제가 많이 발전한 지금 먹을 것과 입을 것에 대한 문제는 어느 정도 해결되었다. 하지만 주거 문제는 그렇지 못하다. 2010년 인구주택조사에 따르면 아직도 열 집 중에 한 집은 주거생활의 절대빈곤선인 최저주거기준에도 못 미치는 생활을 하고 있다고 한다(최저주거기준은 국민이 쾌적한 생활을 누리는 데 필요한 주택의 기준을 정한 것으로 2000년 처음 고시했다. 그리고 2004년에는 주택법에 다음의 세 가지 항목을 규정해 법적 근거를 마련했다. 첫째, 최소 주거면적 및 방의 개수, 둘째 상수도·입식부엌 등 필수설비, 셋째 채광·난방설비 등 구조·성능·환경기준 등이다. 2011년에 국토해양부가 11년 만에 기준을 대폭 상향 조정했으니 이 기준을 충족하지 못하는 가구는 더 늘었을 것으로 추정된다).

⟨최저주거기준: 가구 구성별 면적⟩

| 가구원 수(인) | 표준 가구 구성 | 방구성 | 총 주거 면적($m^2$) |
|---|---|---|---|
| 1 | 1인 가구 | 방 1, 부엌 | 14 |
| 2 | 부부 | 방 1, 부엌 겸 식사 공간 | 26 |
| 3 | 부부+자녀1 | 방 2, 부엌 겸 식사 공간 | 36 |
| 4 | 부부+자녀2 | 방 3, 부엌 겸 식사 공간 | 43 |
| 5 | 부부+자녀3 | 방 3, 부엌 겸 식사 공간 | 46 |
| 6 | 노부모+부부+자녀2 | 방 4, 부엌 겸 식사 공간 | 55 |

▲ 자료: 국토해양부

전체 1,733만 가구 중에 121만 가구(7퍼센트)는 화장실이나 부엌이 없는 집에서 생활하고 있으며, 수도권 전체 가구 중 지하 또는 옥탑방에 거주하는 가구는 53만 가구(6.4퍼센트)인 것으로 나타났다. 심지어 비닐하우스나 움막, 컨테이너 등 주택 이외의 거처에서 생활하고 있는 사람도 상당수다. 주택법에 인간이 인간답게 살 수 있는 최저기준을 정해놓았지만 이를 강제할 법적 장치가 없다 보니 단순히 상징적 지표에 머물러 있는 것이다.

### 임대주택이 부족한 것이지, 주택이 부족한 것이 아니다

상황이 이렇다 보니 많은 사람이 임대주택으로 눈을 돌리고 있다.

최근 장기 전세주택이나 보금자리주택 등 정부에서 공급하는 주택의 공급이 늘면서 주거안정의 새로운 대안으로 떠오르고 있다. 하지만 임대주택도 입주가 그리 쉽지만은 않다. 영구임대에서부터 국민임대, 전세임대 등 다양한 임대주택이 있지만 각각의 조건이 있고 공급도 한정되어 있다. 그런 까닭에 원한다고 해서 모두가 들어갈 수 있는 것도 아니다. 영구임대주택은 조건에 맞춰서 신청해도 평균 20개월 이상을 기다려야 한다. 특히 경기도나 인천 지역은 평균 50개월 이상을 기다려야 할 정도로 공급이 턱없이 부족하다.

2010년 기준으로 전체 임대주택 수는 139만 호로 전체 주택의 약 8퍼센트 정도다. 그런데 공공임대주택은 85만 호로 전체 주택의 5퍼센트에도 못 미친다. 자가보유율이 60퍼센트가량인 것을 고려하면 결국 전체 가구의 30퍼센트 이상이 지속적으로 전월세난에 시달리며 살아갈 수밖에 없다. 평균적인 소득으로 평균적인 주택에 전세를 구하는 것이 하늘의 별 따기가 되어버렸다. 평균 소득보다 적게 버는 국민이 인구의 절반을 훨씬 넘는 것을 고려할 때 주거안정의 문제는 한 개인의 노력으로 해결될 수 없음이 분명하다. 특히 소득 하위 20퍼센트 가구(약 340만 가구)의 평균 소득이 120만 원인 것을 고려하면, 이들은 민간 시장에서 지금의 주거비용을 감당하는 것이 현실적으로 불가능에 가깝다. 공공임대주택이 늘어나야 하는 이유다.

임대주택은 부족하지만 집 자체는 부족하지 않다. 우리나라 주택보급률은 2002년부터 10년째 100퍼센트를 웃돌고 있다. 2010년 기준 가구 수는 1,733만 가구지만 주택 수는 1,767만 호로 주택보급률이 101.9퍼센트다. 매년 신규 주택이 공급되지만 워낙 가격이 높기 때문에 서민들은 그냥 구경만 해야 한다. 신규 주택의 30퍼센트 이상은 기존 유주택자가 구입한다. 심지어 100채 이상 보유한 사람만 수십 명이다. 부동산 정책이 늘 활성화 정책 중심으로 논의되다 보니 가격은 계속 올라가고 대한민국은 전 세계에서 가장 이사를 많이 다니는 나라가 되었다.

다행히 그동안 성장만 이야기하던 정치인들도 복지에 관심을 갖기 시작했다. 부동산 정책 또한 부동산 활성화가 아니라 주거복지 차원에서 접근해야 한다. 서민들은 자기 소유의 집을 원하는 것이 아니라 안정적인 거주공간을 원할 뿐이다.

# 삶의 어떤 순간에도
# 억 단위 돈은 필요치 않다

    1억이란 숫자는 우리나라 사람들에게 대단히 특별한 의미를 갖는다. 재테크 열풍을 일으킨 평범한 사람들의 1억 만들기 커뮤니티들만 봐도 억에 대한 각별한 집착을 실감할 수 있다. 단위가 점점 진화하기도 한다. 1억 모으기가 10억으로, 10억이 또 100억 성공담으로 이어진다. 그리고 숫자가 커질수록 사람들은 돈에 더 심하게 집착하거나 반대로 돈에 더욱 냉소하는 태도로 양분된다.

    결론을 말하자면, '억'이란 대단한 돈은 우리에게 현재의 필요와 적당한 욕구를 채우는 데 절실히 필요한 것이 아니다. 미래의 어느 시점이 되어도 마찬가지다. 우리에게는 건강한 정신과 신체, 원하는 일을 할 수 있는 건전한 사회가 필요한 것이지 '억'이 유일한 대안일 수 없다.

## 지금보다 나아져야 한다는 '기대가 야기한 불안'

미국의 하버드 대학교에서 '행복학 열풍'을 일으키고 있는 긍정심리학자들에 따르면 목표 설정은 자신감과 능력을 자각하게 해주고 계속 노력하도록 동기를 부여한다고 한다. 사실 막연히 저축하는 것보다는 어떤 뚜렷한 목표를 정해놓고 저축을 강제하는 것이 효과적이긴 하다. 그러나 목표를 설정하는 과정에서 모든 목표가 사람에게 긍정적인 동기를 유발하는 것은 아니다. 긍정심리학자들의 오랜 연구 결과를 보면 돈을 많이 벌고자 하는 경제적인 목표가 사람들에게 오히려 우울과 불안을 줄 가능성이 크다고 한다.

하버드 대학교의 긍정심리학 강사인 탈 벤 샤하르는 그의 저서 《해피어》를 통해 돈을 목표로 삼는 것의 폐해를 좀 더 구체적으로 설명하고 있다. 그는 싱가포르 경영대학원 학생들을 조사한 적이 있다. 그 결과 "물질적인 가치를 중요하게 생각하는 학생일수록 자기실현과 활력, 행복 수준이 떨어지고 불안과 신체적 이상증세, 불행 수준이 높은 것으로 나타났다"고 한다. 이를 통해 그는 물질적 목표가 가져오는 부정적 결과를 보여주었다.

억 모으기 열풍은 일부에게는 강제저축 혹은 재테크에 열을 올리는 실천적 효과를 만들어낼지 모른다. 하지만 그로 말미암아 그 사람들을 행복하게 해주지는 못할 것이다. 또한 실천 강제력마저 떨어뜨릴 수도 있다. 그래서 이 열풍에 끼지 못하는 자신에 대해 자괴감을 느끼게 하거나 누군가는 억을 모으고 있을 것 같다는 생각에 상대적 박탈감을 느끼고 나아가 미래까지 좌절하게 만든다.

사람은 미래의 좌절만으로도 오늘의 행복을 지워버릴 상상력을 가졌다. 미래의 삶이 지금보다 호전되지 않으리라는 절망감 때문에 오늘이 불행해지는 것이다. 이것을 미래의 삶이 지금보다 나아져야 한다는 '기대가 야기한 불안'이라고 한다.

한편으로는, 설사 몇억을 예금 계좌에 넣어두고 산다고 해도 미래 불안이 가실 리도 없다. 그 돈이 바닥날 것에 대한 두려움은 결국 그 돈을 '묻지마 투자'와 같은 위험한 유혹에 내맡기도록 할 수 있다. 사람의 욕심은 끝도 없으며 불안도 쉽게 잠재워지는 것이 아니기 때문이다.

다시 강조하지만 억이란 대단한 돈은 우리에게 현재의 필요와 적당한 욕구를 채우는 데 '절실히 필요'한 것이 아니다. 미래 어느 시점에도 우리는 건강한 정신과 신체, 원하는 일을 할 수 있는 건전한 사회가 필요한 것이지 '억'이 유일한 대안일 수 없다. 그러므로 억을 모을 수 없다고 해서, 또는 그 생각조차 할 수 없는 형편이라 해서 의기소침할 필요는 없다. 다만 오늘의 수입을 고려하여 현명하게 소비함으로써 미래를 위해 저축이나 투자를 할 수 있는 여력을 만들고자 노력해야 한다는 것만은 기억하자.

# 흑자생활로 가는 돈관리

내가 얼마를 벌고 쓰는지 모르기 때문에 불안한 것이다

지출을 통제해주는 통장 시스템을 구축하라

가계부만 써도 돈 걱정이 줄어든다

가계 현금흐름표를 통해 지출계획을 세워라

# 내가 얼마를 벌고 쓰는지
# 모르기 때문에 불안한 것이다

　당장 먹고살기가 힘든 것도 아닌데 끊임없이 돈 걱정을 하는 사람이 많다. 분명 하루 세끼 꼬박꼬박 챙겨 먹고 있고 아이들 학교도 제대로 보내고 있다. 공과금이나 핸드폰요금을 연체하지도 않는다. 오늘 써야 할 일에 돈이 부족한 것도 아니고 당장 어디 가서 돈을 꿔야 하는 상황도 아니다. 그럼에도 돈 걱정이 끊이질 않는다. 온종일 돈, 돈거리고 돈 때문에 스트레스를 받는다. 남보다 잘 벌고 못 벌고의 문제는 아니다. 남들보다 훨씬 많은 돈을 버는 사람도 돈 걱정에 시달리면서 오지 않은 미래를 불안해한다.

　그런데 이들에게는 재미있는 공통점이 있다. 그렇게 돈 걱정을 하면서도 정작 자신이 얼마를 벌고 얼마를 쓰는지는 따져보지 않는다는 것이다. 대략의 소득은 알고 있지만 매월 얼마가 자신의 통장으로 들어오는지 정확히 알지 못한다. 지출도 머릿속에 있는 지출과 실제 지출이 다르다. 심지어 100만 원 이상 차이가 나기도 한다.

## 모르니까 불안하고, 불안하니까 두렵다

요즘은 굳이 자영업자가 아니더라도 평달과 상여달, 각종 수당과 인센티브 등이 있어 월 소득이 불규칙한 직장인이 많다. 그래서 자신의 소득을 정확히 아는 사람이 드물다. 월별 소득 편차가 크다 보니 평달에는 마이너스통장에 의존해서 살다가 상여달에 한꺼번에 채워 넣는 가정이 대다수다. 이들은 대개 열심히 일해도 돈이 모이지 않는다며 허탈해한다.

지출도 마찬가지다. 신용카드 청구서가 날아오면 '생각보다 많이 나왔네' 하고 생각은 하지만, 가지고 있는 신용카드 전체의 청구액을 더해보는 사람은 열에 한둘뿐이다. 고정지출은 알더라도 명절비용, 경조사비, 휴가비, 의류비 등 각종 비정기 지출은 아예 따져보질 않는다.

예컨대 5월이면 어린이날, 어버이날, 스승의 날 등으로 비정기 지출이 많다. 그런데 이런 비정기 지출로 생활비가 마이너스가 되면 막연히 '다음 달은 괜찮겠지' 하고 생각해버린다. 하지만 당장 7, 8월에는 여름휴가가 기다리고 있다. 그러다 보면 새 학기가 되어서 등록금이니 참고서값이니 해서 또 목돈이 빠져나간다. 그리고 곧 추석이다. 비정기 지출이 사실상 거의 매달 있음에도 따져보지 않으니 마이너스 달은 늘어만 간다. 한 달에 얼마를 쓰는지는 계산해보지 않은 채 한 달, 한 달이 마이너스라고 고민한다.

금융 시스템의 발달로 이제는 돈이 내 손을 거치지 않고 통장으로 들어와 통장에서 나간다. 그래서 들어오고 나간 돈을 일일이 계산해 보지 않고서는 소득과 지출을 정확하게 알 수가 없다. 버는 건 단순히 호봉 기준으로 생각하니 실제 소득보다 부풀려지고, 쓰는 건 카드로 하니 실제보다 적게 썼다고 생각한다. 마음속 장부와 실제 장부상에 차이가 벌어질 수밖에 없다. 이런 상황이다 보니 당연히 하루하루 돈 걱정은 늘어만 간다.

자신이 버는 돈과 쓰는 돈을 일상적으로 관리하는 데는 소홀하면서 무언가 다른 해결방안이 없을까 고민한다. 하지만 돈 걱정의 근원은 모른다는 데 있다. 모르니까 불안한 것이다. 주식시장에서도 주가 하락의 큰 요인 중 하나가 불확실성인 것처럼, 모른다는 것은 불안을 불러오고 불안은 공포심을 일으킨다. 그래서 돈 걱정이 단순한 걱정에 그치지 않고 '돈 걱정 증후군'으로까지 발전하는 것이다.

## 돈 걱정에서 벗어나는 간단한 방법

돈 때문에 막연한 불안감을 느끼고 스트레스를 받는다면 돈 걱정 증후군을 의심해보아야 한다. 돈에 대해서 구체적으로 따져보지 않고 돈을 더 많이 벌고 모으기 위해 안간힘을 쓰는 사람일수록 돈에 끌려다닐 수밖에 없다. 돈이라는 것은 누구에게나 제한적으로 존재하므로 하나하나 따져보고 계획하지 않으면 그것이 주는 압박과 스트레스에서 벗어날 수가 없다. 상담을 하다 보면 소득과 지출을 통제하면서 한 달 후, 1년 후, 10년 후 돈 쓸 일에 대해서 미리 계획하고 사는 사람들을 만난다. 이들은 버는 돈이 많지 않아도 심리적으로 안정되어 있고 삶의 만족도도 높다.

날마다 우리의 일상을 지배하는 돈이지만 돈 걱정 증후군에서 벗어나는 길은 의외로 간단하다. 돈 쓰는 방법을 조금만 바꾸면 된다. 우선 소득과 지출, 그리고 앞으로 돈 나갈 일을 따져보는 것이 필요하다. 통장에 돈이 들어오는 날엔 인터넷 뱅킹을 통해서 얼마의 돈이 들어왔는지 확인하고 따로 기록해놓는다. 그리고 신용카드나 전화요금, 보험료 등 각종 결제일은 급여일에서 10일 이내로 모으고 하나의 통장에서 돈이 빠져나가도록 하여 관리를 편리하게 한다. 지출은 될 수 있으면 체크카드를 활용하는 것이 좋다. 마지막으로 가계부를 통한 예·결산은 필수다. 언제 어디에 얼마의 돈이 필요하고, 실제 얼마를 썼는지를 사전에 계획하고 사후에 확인하는 것만으로도 돈 걱정의 상당 부분이 덜어진다. 항상 계획을 하는 만큼 필요한 자금들을 만들어나가기도 수월하고 준비하고 있다는 안도감도 맛볼 수 있다.

정말 이런 간단하고 진부한 방법으로 돈 걱정이 없어질까? 사실 이 작업은 간단해 보이지만 막상 해보면 그렇지 않음을 알 것이다. 앞서 언급한 것처럼 소득과 지출구조가 생각보다 복잡하기 때문이다. 평달 소득은 어디에 지출하고 상여달에 받는 소득은 어디에 지출

할지, 각종 비정기 지출은 어떤 돈으로 해결할지, 전세 만기 후 이사 비용은 어떻게 모을지 등에 대한 여러 가지 의사결정이 필요하다. 일상적으로 지출하는 돈도 지금 지출할지, 좀 미뤘다가 나중에 지출할지, 자녀가 사달라는 물건은 언제 사주는 것이 좋을지 등을 판단해보아야 한다. 그렇게 돈을 하나하나 통제하는 것은 한순간에 되지 않는다. 매일매일 꾸준히 해야만 가능한 일이다.

물론 이런 과정이 매우 번거롭게 느껴질 수도 있다. 하지만 번거로움과 스트레스 중 어느 것을 택할 것인가? 번거로움은 잠시 수고스럽게 할 뿐이지만 스트레스는 만병의 근원이 된다.

### 돈 걱정 증후군 money sickness syndrome

돈 걱정 때문에 정신적 스트레스를 받는 사람에게 나타나는 증상들을 가리키는 말로, 영국의 정신건강학자 로저 헨더슨 박사가 처음 사용했다. 돈 걱정 때문에 구토, 발열, 설사, 우울증 등의 증상이 나타나며, 현재 세계적인 경제위기 탓에 세계 전역에서 수많은 사람이 이 질환으로 고통을 겪고 있다고 한다. 그런데 이 병이 생겨난 것은 경제위기 이후가 아니라 경제위기 이전 세계 경제가 고공행진을 하던 때였다. 경제가 어려워지면서 돈에 대한 스트레스가 증가했을 뿐, 경제가 좋을 때도 돈에 대한 스트레스는 여전히 존재했다는 이야기다.

# 지출을 통제해주는
# 통장 시스템을 구축하라

행동경제학을 경제학에 적극 접목해온 리처드 탈러는 그의 저서 《넛지》에서 이런 표현을 썼다. "신경경제학 분야의 연구결과를 보면 사람에게는 계획하는 자아와 행동하는 자아의 두 가지 자아가 있다고 한다."

사람의 정보처리 프로세스는 이 두 가지 형태로 형성되어 있다는 것이다. 계획하는 자아는 분석적이고 통제적이며 노력을 필요로 하는 특징을 가졌다. 이에 비해 행동하는 자아는 감정적이고 연상적이며 신속하기도 하고 노력이 들지 않는, 즉 자동적 시스템으로 유혹에 쉽게 노출되는 자아다. 사람은 이 두 가지 형태의 자아가 내리는 명령에 의해 주어진 정보를 처리하고 의사결정을 내려 행동한다.

## 지출 통제, 의지만으로는 어렵다

많은 사람이 소비를 줄이고 저축을 늘리면서 동시에 좀 더 질적인 소비를 해야겠다고 생각하지만, 생각처럼 잘 되진 않는다. 매달 급여를 받아들고 '이번 달은 꼭 흑자 가계부를 만들어야지' 하고 생각하더라도 막상 월말이 되면 또다시 실패로 끝나 있을 때가 많다. 이런 일이 반복되면 결과적으로 소득이 낮아서 어쩔 수 없는 일이라는 자기변명에 이르고, 나아가 재무적 무력감에 빠지게 된다. 이렇게 막연히 의지만 가지고 소비를 줄이려고 하는 것 자체가 쉽지 않은 실천법이라는 생각을 해야 한다. 그보다는 더 체계적이고 시스템적인 접근이 필요하다.

예를 들어 아침에 일찍 일어나야겠다고 생각할 때 알람을 맞추는 것은 계획하는 자아, 끄고 다시 자는 것은 행동하는 자아의 영향이라고 한다. 알람을 끄고 다시 자는 것을 막기 위해서는 알람을 될 수 있으면 침대에서 먼 곳에 두는 방법을 활용할 수 있다. 행동하는 자아의 영향을 덜 받도록 환경을 통제함으로써 늦잠 습관에서 벗어나려는 노력이다.

소비 문제에서도 마찬가지다. 처음에는 소비를 줄여야겠다는 생각이나 계획만으로 소비가 쉽게 줄어들지 않는다. 행동하는 자아, 즉 즉각적이고 감정적인 정보처리 시스템의 영향을 줄이기 위한 자기만의 장치가 필요하다. 그 방법이 바로 통장을 구분하여 시스템에 의해 자금이 순환되도록 관리하는 것이다. 즉 자기 안의 충동적이고 감정적인 시스템, 행동하는 자아에 지배당하지 않기 위해 통장과 지출 카드 자체를 미리 계획해서 세팅해놓고 지출을 구조적으로 통제하는 방법이다.

일테면 월급 통장이나 저축 통장, 비상금 통장과 별도로 통장을 만들어 변동지출에 쓸 돈만 미리 떼어놓는 것이다. 혹시 현금 유동성이 부족하다면 상여달 상여금을 별도로 모아 변동 통장에 넣는 것도 방법이다. 어떤 식으로 하든 예산 범위 내에서 지출하려는 계획을 반드시 지켜야 한다.

이렇게 하면 불편할 것이라 여기는 사람이 많은데, 사실 이렇게 통장을 구분하는 것이 관리 면에서 오히려 편리하다. 통장을 신규로 만들고 예산을 수립해 그만큼의 돈을 이체해놓는 한 번의 번거로움이면 이후에는 관리하기가 무척 편리하므로 꼭 해보길 권한다.

비상금과 고정지출 비용, 자동이체 해야 할 결제금, 그리고 매일의 생활비별로 통장을 만들어놓자. 그리고 각각 예산에 맞게 월급날 자동으로 배분되도록 시스템을 만드는 것이다. 이런 과정은 시스템을 처음 만들 때 한 번 고생하고 그다음부터는 조금씩 현실에 맞게 조정하는 수고만 하면 된다.

### 용도별로 구분한 네 개의 지출 통장

일단 네 개의 덩어리로 나누자. 생활비 통장, 저축 통장, 비상금 통장, 변동지출 통장 등이다. 각각을 어떻게 관리하고 활용할 것인지 알아보자.

### ① 비상금 통장

비상금은 갑자기 생긴 목돈 지출, 혹은 소득 감소 등에 대비하여 그런 상황에서 빚을 내지 않기 위해 필요하다. 살다 보면 예측하지 못한 돈 쓸 일이 발생하게 되어 있다. 예를 들면 갑자기 병원비가 크게 드는 등의 지출 변동이 생기거나 아니면 맞벌이를 하고 있는데 갑자기 소득이 감소하는 등의 소득 변동이 발생할 수 있다. 비상금은 바로 지출 변동과 소득 변동에 가정경제가 흔들리지 않도록 해줄 자금이다. 비상금이 없으면 가계 지출 변동이나 소득 변동 시 부채가 생길 위험이 있고 극단적인 경우에는 자산을 급하게 매각하면서 손해를 볼 위험이 있다. 비상시를 대비해 일상적으로 꺼내 쓰지 않도록 현금카드를 개설하지 않는 것이 좋다.

### ② 생활비 통장

생활비 통장은 편리성을 위해 은행의 체크카드와 연계된 것을 활용하면 좋다. 식비와 교통비, 용돈 등 매일 쓰는 생활비가 체크카드에 적절한 수준으로 유지될 수 있도록 예산을 세워 관리한다. 그렇게 하지 않을 경우 체크카드는 신용카드와 크게 다르지 않을 위험이 있다. 잔액이 빠듯하다는 긴장감이 늘 있어야 소비를 할 때 한 번 더 생각해볼 수 있고, 그래야 새는 돈을 줄일 수 있음을 명심하자.

③ 변동지출 통장

변동지출 통장은 매월 정기적으로 쓰는 생활비 외에 명절에 들어가는 비용이나 가족 이벤트비용 등 비정기적으로 나가는 돈을 관리하는 별도의 통장이다. 연중 가족 대소사에 대비해 상여금을 따로 관리하는 통장으로 활용하면 좋다. 변동지출은 그때그때 쓰는 돈이다 보니 적정 수준을 초과하여 지출하게 될 위험이 크다. 그래서 일반 가정에서 새는 돈의 대표적인 내역이 되기도 한다. 평범한 맞벌이 가정에서 변동지출을 통제하지 않으면 매월 100여만 원 이상을 비정기적인 재무사건으로 새나갈 위험이 있다. 따라서 연초에 미리 연중 변동지출 사건을 예측한 다음 그 규모만큼 통장을 별도로 만들어두고 관리해야 돈이 새는 것을 막을 수 있다.

④ 저축 통장

저축 통장은 강제저축을 위해 별도로 관리하고, 매월 월급날 저축액만큼 자동이체되도록 하는 것이 좋다. 그래야 남은 범위 내에서 생활비를 쓸 수 있다. 저축은 1년 안에 쓰게 될 목돈 지출(가전제품 교체, 가구 교체 등의 목돈 지출에 대비한 6개월이나 1년 만기 적금)부터 노후와 자녀 대학등록금, 혹은 퇴직 후 두 번째 직업으로 이동하기 전 이모작 통장 등으로 구분하는 것이 좋다. 작은 꿈부터 멀리 있는 꿈까지 구체적인 목표를 정해 저축해야 돈을 체계적으로 아끼려는 동기부여가 될 수 있다.

## 오늘의 푼돈이 미래의 재원이다

　푼돈을 체계적으로 관리하기 위해 통장을 나누라고 이야기하면, 대부분이 그렇게까지 할 필요가 있느냐는 반응을 보인다. 그러나 알고 보면 오늘의 푼돈은 미래 우리 가족의 꿈을 실현해줄 소중한 재원이다. 푼돈을 아끼지 않으면 목돈을 써볼 기회는 영영 가져보지도 못한 채 늘 푼돈만 지출해야 한다. 부자가 되어 돈을 잘 쓰고 산다는 것은 푼돈을 목돈으로 만들어 쓴다는 것이다. 작은 것을 무시하지 않으며 미래 목표를 세워 합리적으로 돈을 관리하기에 부자가 된 것이다.

　통장이 많아져서 복잡하지 않을까 싶겠지만 직접 해보면 무척 편리한 방법임을 실감할 것이다. 돈의 용도와 자산의 형태에 따라 통장을 구분하는 것은 돈을 체계적으로 관리하는 데 대단히 유용하다. 각각의 용도에 맞는 통장만 들여다보아도 돈이 어디서 어디로 흘러가는지 쉽게 파악할 수 있기 때문이다. 그 과정에서 푼돈을 목돈으로 만들어 쓰는 마법이 이뤄질 것이다.

　돈을 벌기는 버는데 어디에 얼마를 쓰는지 모르는 것은 그 자체가 굉장한 스트레스 요인이 된다. 체계적으로 관리하고 기록하고 평가하는 것이 돈을 대하는 가장 좋은 습관이며, 돈 걱정 같은 막연한 두려움을 제거하는 가장 좋은 방법이다.

# 가계부만 써도
# 돈 걱정이 줄어든다

새해가 되면 많은 사람이 '올해는 꼭 가계부를 써야지' 하고 결심하지만 이 결심은 오래가지 않는다. 습관이 안 되어 있기에 하루 이틀 빼먹게 되고, 그러다 보면 잔액이 안 맞기 시작한다. 며칠이 더 지나면, 어차피 카드 영수증에 다 나오는데 굳이 따로 쓸 것까지 있느냐며 자기합리화를 해버린다.

포기하는 이유에는 크게 세 가지가 있다. 첫 번째는 가계부에 적히는 숫자를 보고 스스로 놀라서다. 가계부를 기록하면 그동안 몰래 새나가던 돈이 드러난다. 그래서 그동안 머릿속으로 생각해왔던 지출보다 훨씬 큰 숫자들을 접하게 되고, 그러면 아무래도 마음이 불편할 수밖에 없다.

두 번째는 일정 기간이 지나면 불필요한 소비에 대해 반성하지도 않고 둔감하게 숫자만 적어나가는 자신을 발견해서다. 자연히 가계부를 써도 쓰기 전과 별로 달라지는 것이 없다. 결국 가정에서 쓰는 돈이야 빤한 거고 머릿속에 다 있다는 생각에 가계부를 접게 된다.

마지막 세 번째는 가계부와 지갑 속 현금, 계좌 잔액이 서로 맞지 않아 가계부 쓰기의 의미를 잃어버리기 때문이다.

## 가계부로 돈 걱정 더는 방법

똑같이 가계부를 쓰는데 어떤 집은 새는 돈이 줄어든다고 하는 반면, 어떤 집은 써도 써도 변하는 것이 없다. 이런 차이가 생기는 이유는 가계부를 쓰는 목적에 얼마나 충실한가에서 차이가 나기 때문이다.

가계부를 꾸준히 쓰는데도 매달 적자가 나고 가계부 쓰는 의미가 없다고 이야기하는 가정을 보면, 대부분 가계부를 단지 '쓰기만' 한다. 한 달 소득이 얼마고 지출이 얼마인지 하루하루 적어나가는 데 그치는 것이다. 이렇듯 영수증에 적힌 금액을 하나하나 가계부에 옮겨 적는 과정만을 반복한다면 가계부는 단순히 지출기록장이 될 뿐이다. 쉬운 듯하면서도 어려운 가계부, 어떻게 쓰고 활용해야 할지 알아보자.

### 쓰기만 해서는 달라지지 않는다

가계부를 쓰는 목적은 버는 돈을 잘 관리하기 위함이다. 관리를 잘하려면 단순히 기록하는 데 그쳐서는 안 된다. 평가를 해야 한다. 가정의 현금흐름은 생각보다 복잡하다.

우선 수입 측면을 보면, 평달 수입과 상여달 수입의 차이가 두 배가 넘는 가정이 많다. 연말 인센티브의 규모도 커서 평달 소득은 400만 원이 채 안 되지만 연소득을 보면 1억이 넘는 사람도 많다. 또 지출은 신용카드 사용이 일상화되면서 물건을 구입한 날과 돈이 빠져나가는 날이 서로 다르다. 공과금, 통신비 등 자동이체로 통장에서 나도 모르게 빠져나가는 지출도 많다.

이처럼 수입과 지출의 현금흐름이 복잡하므로 계획하지 않고 돈을 쓰면서 막연히 기록만 하다 보면 돈을 효과적으로 통제할 수 없다. 가계부를 쓸 때 가장 중요한 것은 기록한 내용에 대한 평가다. 고정지출과 변동지출을 포함한 예산을 세우고 기록했다면 평가를 해야 현재를 개선할 수 있다.

평가는 주기적으로 매주, 매달, 매 분기 꾸준히 해야 한다. 평가에서는 가계부에 기록한 지출을 항목별로 집계해서 어느 부분에서 지출이 많이 생겼는지, 예산대로 잘 쓰고 있는지를 확인한다. 예산 대비 얼마나 썼는지를 확인해보면 많이 쓴 항목과 적게 쓴 항목이 있을 것이다. 예산보다 많이 썼다면 왜 많이 썼는지를 확인하고 다음 달에는 어떻게 관리할지를 결정한다. 지출에 대한 평가가 끝나면 자산과 부채가 얼마나 늘고 줄었는지를 보면서 순자산의 증감 여부도 확인한다. 이러한 평가는 혼자 하기보다는 가족과 함께 하는 것이 좋다. 가정의 재무상황을 매달 공유하면서 이야기를 나누다 보면 자연스레 각자가 가정의 경제적 안정을 위해 해야 할 일들을 찾아 나갈 수 있다.

### 미리 쓰는 가계부가 필요하다

가계부를 평가하기 위해서는 평가에 대한 기준이 필요한데, 그 기준이 바로 예산이다. 사후적으로 작성하는 가계부로는 부족하다. 이미 있는 돈 다 쓰고 나서 후회한다고 달라지는 건 없다. 돈을 쓰기 전에 반드시 잘 쓰기 위한 계획이 필요하다. 즉 돈이 통장에 들어온 월급날부터 어떻게 돈을 쓸지에 대해 계획하는 '미리 쓰는 가계부'를 만들어야 한다.

흔히들 예산을 세우라고 하면 돈을 아껴 쓰겠다는 생각만 앞서서 지나치게 빠듯하게 예산을 세운다. 하지만 예산은 돈을 아껴 쓰겠다는 각오가 아니라 언제 어떻게 쓰겠다는 계획이 중요하다. 가계부를 단순히 절약하기 위해 쓰는 것으로 생각하지만 그보다는 돈을 잘 쓰고 행복하게 쓰기 위해 쓰는 것이다. 잘 쓰기 위해서는 미리 계획해야 한다.

### 지출의 양보다 질을 평가하자

같은 돈을 쓰고도 어디에 썼느냐에 따라 만족도가 달라진다. 100만 원을 쓰고도 잘못 써서 기분이 나쁠 수 있고 10만 원을 쓰고도 잘 써서 기분이 좋을 수 있다. 사람마다 좋아하는 것은 다르다. 먹는 걸 좋아하는 사람은 먹는 데 돈을 더 써야 하고 옷을 좋아하는 사람은 옷에 돈을 더 써야 한다. 가계부를 쓰면 만족도가 낮은 지출은 줄이고 만족도가 높은 지출을 늘릴 수 있다. 단순히 어디에 얼마를 썼는지를 볼 것이 아니라 지출 계정 하나하나에 만족도를 평가해보자. 이를 통해 같은 돈을 쓰고도 만족도를 극대화하는 소비의 질적 전환을 이뤄낼 수 있다.

**잔액 맞추는 것은 포기하고 꾸준히 쓰자**

가계부를 쓰다 보면 하루 이틀 빼먹기도 하는데, 그러면 숫자가 잘 들어맞지 않게 된다. 그래도 포기하지 말고 꾸준히 쓰도록 하자. 일단 신용카드를 사용하는 한 잔액 맞추기는 쉽지 않다. 물건은 이번 달에 들여놨는데, 돈은 앞으로 12개월간 빠져나갈 테니 맞을 리가 있겠는가.

따라서 잔액을 맞추려는 욕심은 버리는 게 좋다. 잔액이 안 맞는다고 해서 100만 원 넘는 액수도 아닐 테고 어차피 대세에 지장은 없다. 가계부 쓰는 목적을 10원짜리 한 장까지 찾아내는 데 두기보다는 전체적인 흐름을 보는 데 맞추자. 어느 계정에 주로 돈을 많이 쓰고 열두 달 중 어느 달에 지출이 많고 어느 달이 적은지, 어느 달이 플러스 달이 되고 어느 달이 마이너스 달이 되는지 하는 흐름을 파악하는 정도면 충분하다.

완벽하게 할 수 없어 포기하느니 가끔 빼먹더라도 지속적으로 하는 것이 낫다. 습관이 들어 큰 심리적 저항 없이 쓰게 되기까지는 가계부를 쓴다는 게 지나친 스트레스 요인이 되지 않도록 하는 게 좋다. 가계부를 쓰기 시작하자마자 완벽하게 숫자가 맞아떨어지고 새나가는 돈을 제대로 통제하게 될 것이란 기대는 하지 않는 것이 좋다. 그보다는 흐름을 파악하고 습관이 들도록 자꾸 의미를 부여하면서 지속성을 키워가자.

### 기록은 될 수 있으면 단순하게

요즘은 일주일치 장을 한꺼번에 보는 일이 많다. 그러니 영수증 하나에 담겨 있는 내역이 무척 많다. 길고 긴 영수증을 들고 와서 콩나물 얼마, 두부 얼마 이런 식으로 쓰다 보면 영수증 옮기다 지쳐버린다. 가계부를 쓰면서 물가 파악할 것도 아니고 내역을 세부적으로 적는 것은 큰 도움이 되지 않는다. 요즘은 마트에서 장을 보는 가정이 많아서 먹거리와 생필품을 한 군데서 구입하는 경우가 많으니 식비와 생활용품비를 구분해야 한다는 부담감도 버리는 게 현명하다. 마트에서 장을 보고 영수증을 받아왔다면 '마트비 ○○○원' 이런 식으로만 기록해도 된다. 일일지출의 기록은 될 수 있으면 간편하게 하고, 대신 적어도 한 달에 한 번은 예·결산을 꼼꼼히 하자.

### 영수증만 잘 챙겨도 성공 확률 높아진다

물건을 구입하면 영수증을 받는다. 그 영수증을 지갑에 잘 챙겨놓기만 해도 누락되는 지출을 줄일 수 있다. 지갑 속에 영수증이 쌓여서 눈에 거슬릴 때쯤 영수증 정리도 할 겸 하나하나 가계부에 옮겨 적으면 실제 지출과 가계부상 지출의 차이를 줄일 수 있다. 사실 보통의 가정에서 하루에 돈을 쓰는 횟수가 엄청나게 많은 것은 아니다.

하루 한두 가지 혹은 많아 봐야 다섯 가지 이내에서 현금지출이 이뤄지는 경우가 대부분이다. 일주일치 모아봤자 30개 이내일 테고, 그걸 한꺼번에 옮겨 적는다 하더라도 5~10분 정도면 충분하다.

### 종이가계부와 컴퓨터, 어떤 것이 좋을까?

가계부를 쓰기로 마음은 먹었는데 어떤 가계부를 고를지가 고민이다. 요즘은 스마트폰의 어플리케이션으로도 편리하게 기록할 수 있는 가계부가 많이 나와 있다. 어떤 가계부를 쓰든 큰 상관이 없으니 본인의 마음에 드는 가계부를 선택하면 된다. 대략의 장단점을 알아두면 선택을 하기가 좀 더 수월할 것이다.

온라인 가계부는 계산을 자동으로 해주고 멋진 그래프로도 보여줘 지출 내역을 금방 시각화해서 볼 수 있다는 장점이 있다. 스마트폰 가계부는 들고 다니면서 바로바로 기록할 수 있는 장점도 있다. 하지만 이들 가계부는 너무 정확한 것이 문제가 되기도 한다. 쓰다 보면 어찌 됐든 빼먹는 지출이 생기게 마련인데, 어느 순간부터 숫자가 맞지 않는다는 점이 적나라하게 드러난다. 이는 보는 사람의 마음을 불편하게 할 수밖에 없다.

종이가계부는 기록하고 나면 아무래도 모니터로 보는 가계부보다 손맛을 느낄 수가 있다. 쌓여가는 가계부를 보면서 뿌듯함도 느껴지고 마음대로 꾸밀 수 있다는 장점도 있다. 가끔 메모나 일기를 적기도 하고 영화표나 사진 등을 붙여 넣으면서 나만의 스타일을 만들어갈 수 있다. 컴퓨터로 쓰는 것보다 아무래도 아날로그적인 감성을 자극할 수 있어 좋다. 게다가 며칠 건너뛰어도 크게 티가 나지 않는다. 하지만 결산을 하려면 일일이 계산기로 더해야 하는 단점이 있다.

양측의 장단점을 적절히 활용하는 것도 좋은 방법이다. 예를 들어 평소에는 종이가계부에 적다가 결산은 컴퓨터로 하는 것이다. 엑셀 파일로 예·결산 양식 하나 정도만 만들어놔도 일일이 계산기를 두드릴 때보다 훨씬 수월하게 할 수 있다.

### 가계부를 쓰면 새는 돈과 불안함을 동시에 없앨 수 있다

재무상담을 받고 어느 주부는 매주 가던 마트를 가지 않기로 마음먹고 실천을 해보았다고 한다. 예산을 세워 지출하다가 마지막 주에 생활비가 너무 부족해서 큰맘 먹고 버텨보기로 했다는 것이다. 매주 보던 장을 보지 않으니 냉장고를 뒤져 식탁을 차려야 했고, 당장 급해 보이는 생활용품 구매도 조금 미뤄야 했다. 결과적으로 일주일간의 생활이 약간 불편하기는 했으나 그렇다고 큰 문제가 있지는 않았다. 오히려 냉장고에서 유통기한을 넘겨 쓰레기통으로 가던 것들이 사라졌다. 생활용품도 한 번 더 생각해보면 굳이 꼭 필요하지 않은 것들이 많았음을 새삼 깨달았다. 결과적으로 냉장고를 뒤지는 불편과 소비에서 한 번 더 생각해보는 불편함을 겪기는 했으되 예산대로 생활했다는 뿌듯함이 남았다. 심지어 굳이 쓰지 않아도 되는 지출을 그간 몇만 원 이상 해왔다는 사실도 느껴 예산의 중요성을 다시 한 번 실감했다. 매 순간 약간 불편하긴 했지만 심리적으로 커다란 만족감을 얻었다고 한다.

가계부는 단지 매일 들어오는 돈과 나가는 돈을 사후적으로 기록하는 금전출납부가 아니다. 그보다는 미리 가정경제의 틀을 파악하고, 적절한 소비예산을 수립하고, 미래 재무목표를 세우는 도구다. 가정경제가 과거와 달리 복잡해져서 머리로만 이 모든 것을 할 수 없기에 기록을 통해 체계적으로 하는 것이다.

또한 단순히 체계적으로 하기 위해서만 기록하는 것이 아니라 기록하는 과정에서 의사결정 과정을 거치게 된다. 즉 미리 예산을 세우면서 필요한 지출과 불필요한 것을 가르고, 충동지출을 드러나게 하여 불필요한 지출에 대해 경각심을 갖도록 도와주는 것이다. 기록을 통해 미래 재무목표를 수립하면서 목표의식을 환기하는 즐거움도 누리고, 당장의 한정된 소득을 미래를 위해 적절히 잘 사용하겠다는 다짐을 하기도 한다.

돈을 비롯한 모든 자원은 의사결정 과정 없이 사용하다 보면 불필요하거나 중요하지 않은 것으로 낭비되기 십상이다. 가계부는 바로 그렇게 허탈하게 새나가는 돈을 만들지 않기 위해 필요한 도구다. 따라서 막연히 이미 신용카드로 충동적으로 지출한 돈을 기록하는 것이 아니라 미리 예측하고 목표를 세우는 도구로 활용해야 한다.

기록을 통해 하나하나 해나가다 보면 미래가 예측 가능하게 굴러간다는 데서 오는 심리적 안정을 누릴 수 있다. 또한 그간 새나가던 돈을 가족을 위한 중요한 사건에 제대로 쓸 수 있기에 재정적으로도 풍요로워진다. 더불어 매월 결제 때문에 막연한 불안감에 휩싸여야

했던 엄청난 불편함을 겪지 않게 된다.

해마다 써보자고 크게 마음먹었으나 작심삼일로 끝난 일 중 아마 가계부가 1순위로 꼽힐 것이다. 이번에는 크게 마음먹는 정도가 아니라 돈에 대한 불안함을 극복하기 위해서라도 '반드시'라는 마음으로 가계부를 적어보자. 조금만 인내심을 발휘한다면 아마도 생각보다 커다란 수확을 얻게 될 것이다.

# 가계 현금흐름표를 통해 지출계획을 세워라

 돈은 돌고 돈다고 해서 돈이라 부른다. 보유하고 있는 자산도 중요하지만 돈이 잘 도는지, 즉 현금흐름이 원활한지를 파악하는 일이 더욱 중요하다. 특히 살림살이가 늘 빠듯해서 한 푼이라도 효율적으로 쓰고 모아야 할 텐데 여기저기 새는 돈이 많다면 더더욱 그렇다.
 돈이 잘 도는지를 알려면 현금흐름표를 작성해보면 된다. 매월 현금흐름표를 작성함으로써 지출 습관을 알 수 있고, 수입과 저축에 알맞은 지출구조, 즉 소비예산을 세울 수 있다. 신혼 때 또는 매년 초 굳은 결심으로 가계부를 열심히 쓰다가도 마이너스가 되는 순간부터 가계부 쓰기를 포기하는 가정이 많다. 이런 악순환에서 벗어나려면 왜 마이너스가 되었는지를 아는 것이 중요하다. 현금흐름표를 작성하면 어디에서 돈이 새고 있는지를 정확히 찾아낼 수 있다.

## 수입부터 파악한다

가장 쉽게 알 수 있는 것이 월 급여로, 실수령액을 고정수입으로 본다. 상여금이 변동적인 경우나 소득이 불규칙한 자영업자는 연간 소득을 12로 나누어 월평균 소득을 수입금액으로 한다. 그 외에 배우자의 소득, 이자소득, 연금소득 등 가정에서 벌어들이는 모든 수입을 함께 정리한다. 급여 통장의 입금 내역을 보고 매달 들어오는 고정급여 외에 상여금과 인센티브, 명절보너스, 소득공제 금액 등이 있다면 그것도 기록하자.

변동소득의 종류와 월별 소득을 파악해서 어느 달의 소득이 많고 어느 달이 적은지 소득의 흐름을 파악하는 것이 중요하다.

〈월별 소득표〉

| 월 | | 고정소득 | 변동소득 | 월 | | 고정소득 | 변동소득 |
|---|---|---|---|---|---|---|---|
| 1월 | 본인 | | | 7월 | 본인 | | |
| | 배우자 | | | | 배우자 | | |
| 2월 | 본인 | | | 8월 | 본인 | | |
| | 배우자 | | | | 배우자 | | |
| 3월 | 본인 | | | 9월 | 본인 | | |
| | 배우자 | | | | 배우자 | | |
| 4월 | 본인 | | | 10월 | 본인 | | |
| | 배우자 | | | | 배우자 | | |

| | | | | | | | |
|---|---|---|---|---|---|---|---|
| 5월 | 본인 | | | 11월 | 본인 | | |
| | 배우자 | | | | 배우자 | | |
| 6월 | 본인 | | | 12월 | 본인 | | |
| | 배우자 | | | | 배우자 | | |
| 소득합계(연) | 본인 | | 배우자 | 소득평균(월) | 본인 | | 배우자 |

- 고정소득: 근로소득, 사업소득, 임대소득, 금융소득, 연금소득, 보조금 등을 기록한다.
  변동소득: 인센티브, 스톡옵션, 상여금, 각종 수당 등을 기록한다.
- 근로소득자는 고정소득에 기본 급여를 적고 변동소득에 상여금 및 수당을 기록한다.
- 정확히 기억나지 않는다면 작년 한 해 급여 통장을 보고 기록한다. 아주 정확하지 않아도 좋으니 흐름을 파악하기 위해서라도 대략의 예상금액이라도 적어보자.
- 근로소득 외에 매월 또는 매년 들어오는 기타 소득이 있다면 같이 기록한다.

## 지출을 파악한다

지출 금액을 파악할 때 제일 조심해야 할 것은 '우리 집 생활비는 100만 원'이라고 단정 짓는 것이다. 항목별로 집계하는 이유는 새는 돈을 파악하고 앞으로 예산을 세우기 위해서다.

지금은 앞으로의 희망사항을 적는 것이 아니라 현황을 파악하는 것이 목적이므로 실제로 사용한 그대로의 금액을 적어야 한다. 그동안 가계부를 써왔다면 일일지출 기록한 것을 가지고 정리하면 된다. 가계부를 쓰지 않았더라도 신용카드 명세서나 자동이체 통장 등을 통해 항목별로 대략의 지출액을 파악할 수 있다(은행이나 카드사 홈페이지에 접속하면 거래 내역이나 사용 내역을 엑셀로 내려받을 수 있도록 되어 있다).

그동안 써온 가계부 또는 내역서를 보고 각 지출 내역이 어디에 해당하는지 하나하나 분류해서 정리하자. 이런 자료가 없다면 대략의 추정치를 적으면 된다. 가정에서 이뤄지는 지출은 크게 고정지출과 변동지출로 나눌 수 있다. 고정지출이라 함은 관리비, 식비, 보험료처럼 매달 꼬박꼬박 나가는 지출을 이야기한다. 변동지출은 경조사비, 자동차세, 휴가비처럼 연중 특정 행사와 관련되어 말 그대로 변동적으로 불규칙하게 나가는 지출을 말한다.

### ① 고정지출 파악하기

고정지출은 월 1회성 지출과 수시지출로 나눌 수 있다. 월 1회성 지출은 주로 자동이체로 빠져나가는 지출들인데 공과금, 통신비, 보험료, 대출이자, 학원비 등이 여기에 포함된다. 모두 합하면 생각보다 금액이 적지 않다.

특히 월 1회성 지출은 급여가 들어오면 이미 지출이 확정된 것이기에 따로 규모를 파악해놓는 것이 좋다. 자녀를 키우는 가정은 이 금액만 보통 100만 원을 훌쩍 넘어간다. 예를 들어 '소득이 300만 원이니 300만 원에 맞춰서 살면 된다'고 생각하는 사람과 '월 1회성 지출이 140만 원이니 남은 160만 원 안에서 한 달을 꾸려가야 한다'고 생각하는 사람의 평소 지출 태도나 눈높이는 다를 수밖에 없다.

수시지출은 식비, 외식비, 교통비처럼 수시로 쓰는 지출이다. 이 항목은 보통 월 1회성 지출보다 규모가 작다.

〈고정지출 1 : 월 1회성 지출〉

| 구분 | 항목 | 지출 | 구분 | 항목 | 지출 |
|---|---|---|---|---|---|
| 주거비 | 월세 | | 보장성 보험 | 남편 보험 | |
| | 관리비 | | | 아내 보험 | |
| | 전기요금 | | | 자녀 보험 | |
| | 수도요금 | | | 기타 | |
| | 가스요금 | | | 소계 | |
| | 가사도우미 | | 금융비 | 신용대출 | |
| | 정수기 등 임대료 | | | 담보·약관대출 | |
| | 기타 | | | 사금융·지인 | |
| | 소계 | | | 기타 | |
| 통신비 | 남편 핸드폰 | | | 소계 | |
| | 아내 핸드폰 | | 교제비 | 계모임 | |
| | 부모 핸드폰 | | | 각종 회비 | |
| | 자녀 핸드폰 | | | 기부·종교 | |
| | 유선전화 | | | 기타 | |
| | 인터넷 사용료 | | | 소계 | |
| | 케이블 TV 사용료 | | 기타 | 신문 | |
| | 기타 | | | 우유·요구르트 | |
| | 소계 | | | 운동 | |
| 교육비 | 유치원비 | | | 기타 | |
| | 학원·과외비 | | | 소계 | |
| | 학습지 | | 용돈 | 남편 | |
| | 급식비 | | | 아내 | |

| 교육비 | 기타 | | 용돈 | 부모님 | |
|---|---|---|---|---|---|
| | 소계 | | | 자녀 | |
| 공공보험 | 국민연금 | | | 기타 | |
| | 건강보험 | | | 소계 | |
| | 소계 | | | | |
| | | | 합계(A) | | |

- 각 항목의 월평균 금액을 입력한다. 전기요금이나 가스요금도 마찬가지로 계절별로 편차가 크기에 평균 금액으로 기록하면 된다.
- 공공보험은 지역가입자로 되어 있는 경우만 기록한다.
- 금융비용은 이자만 내고 있든 원금을 상환하고 있든 상관없이 매월 빠져나가는 금액을 기록한다.

〈고정지출 2: 수시지출〉

| 구분 | 항목 | 지출 | 구분 | 항목 | 지출 |
|---|---|---|---|---|---|
| 식비 | 주식·부식비 | | 문화생활비 | 공연관람료 | |
| | 기호품·간식 | | | 도서구입비 | |
| | 과일 | | | 기타 | |
| | 기타 | | | 소계 | |
| | 소계 | | 육아비 | 분유·이유식 | |
| 외식비 | 가족외식비 | | | 기저귀 | |
| | 배달음식 | | | 육아용품 | |
| | 기타 | | | 육아도우미 | |
| | 소계 | | | 기타 | |
| | | | | 소계 | |

흑자생활로 가는 돈관리

| | | | | | |
|---|---|---|---|---|---|
| 교통비 | 차량유류비 | | 교육비 | 교재비 | |
| | 남편 대중교통비 | | | 기자재비 | |
| | 아내 대중교통비 | | | 참고서·학습지 | |
| | 자녀 대중교통비 | | | 학용품비 | |
| | 택시비 | | | 기타 | |
| | 대리운전비 | | | 소계 | |
| | 기타 | | 생활용품 및 기타 | 생활용품 | |
| | 소계 | | | 세탁비 | |
| 의료비 | 건강보조식품 | | | 이미용비 | |
| | 병원비 | | | 기타 | |
| | 약값 | | | 소계 | |
| | 기타 | | 합계(B) | | |
| | 소계 | | 월 고정지출합계(A+B) | | |

▶ 각 항목의 월평균 금액을 입력한다.
▶ 앞서 기록한 월 1회성 지출 금액과 수시지출 금액을 합하면 월 고정지출 금액이 된다.
▶ 정확한 금액을 기록해야 한다는 부담을 갖지 말고 잘 생각나지 않더라도 전체적인 흐름을 파악한다는 생각으로 대략의 금액을 기록한다.
▶ 식비를 예로 들면, 요즘엔 보통 마트에서 장을 보기에 생활용품비와 섞이게 마련이다. 이때는 두 가지를 구분하지 말고 식비에 생활용품비까지 합쳐서 기록한다. 그러면서 일주일에 마트를 몇 회 정도 가는지, 한 번 갔을 때 얼마 정도 결제하는지 떠올려보자. 주 1회 마트에 가서 평균 10만 원을 쓰고 온다면 한 달 식비는 40만 원이 된다. 이런 식으로 각 항목을 채워보자.

## ② 변동지출 파악하기

보통 지출한 돈을 생각할 때 매월 고정적으로 나가는 지출만 따지게 된다. 예를 들면 주거비, 식비, 교통비, 통신비, 교육비, 문화생활비 같은 것들이다. 그러다 보면 놓칠 수 있는 것이 바로 변동지출이다. 그때그때 무심코 쓰는 돈이라 대수롭지 않게 생각하지만 실은 매월 발생한다고 생각하면 된다. 가정에서 한 달 생활비라고 생각하는 금액과 실제 지출이 많이 차이 나는 이유 중 하나가 변동지출이다.

변동지출 역시 생각보다 항목이 많아서 금액이 적지 않다. 그래서 변동지출을 따져보지 않는다면 생활비는 매달 마이너스가 될 수밖에 없다. 다음 표를 참고 해서 가정의 변동지출을 따져보자. 변동지출은 매달 발생하는 비용이 아니기에 작년 한 해 썼던 것을 생각해서 연간비용을 기록하면 된다.

〈변동지출표〉

| 구분 | 지출사항 | 지출 | 구분 | 지출사항 | 지출 |
|---|---|---|---|---|---|
| 교통비 (자동차) | 자동차 수리비 | | 사교육비 | 학원비 | |
| | 자동차세 | | | 수련회비 | |
| | 과태료 등 | | | 교재·기자재 | |
| | 환경개선 부담금 | | | 기타 | |
| | 자동차 보험료 | | | 소계 | |
| | 기타 | | 세금 | 재산세(7월) | |
| | 소계 | | | | |

| 분류 | 항목 |  | 분류 | 항목 |  |
|---|---|---|---|---|---|
| 의료비 | 건강식품 |  | 세금 | 토지세(9월) |  |
|  | 의료기구 |  |  | 종합부동산세(9월) |  |
|  | 가족 의료비 |  |  | 주민세 |  |
|  | 부모 의료비 |  |  | 기타 |  |
|  | 기타 |  |  | 소계 |  |
|  | 소계 |  | 경조사 (본인·지인) | 지인 경조사 |  |
| 의류비 | 가족 의류비 |  |  | 친인척 경조사 |  |
|  | 신발·액세서리 |  |  | 부모님 생신 |  |
|  | 기타 |  |  | 본인 생일 |  |
|  | 소계 |  |  | 가족 생일 |  |
| 미용비 | 가족화장품 |  |  | 설(1월) |  |
|  | 본인 미용 |  |  | 어린이날(5월) |  |
|  | 배우자 미용 |  |  | 어버이날(5월) |  |
|  | 자녀 미용 |  |  | 추석(9월) |  |
|  | 기타 |  |  | 김장(11월) |  |
|  | 소계 |  |  | 종교 관련 행사 |  |
| 생활용품 | 책 |  |  | 기타 |  |
|  | 가구·가전 |  |  | 소계 |  |
|  | 생활용품 |  | 취미·여행 | 가족여행 |  |
|  | 주거용품 |  |  | 휴가 |  |
|  | 기타 |  |  | 주말농장 |  |
|  | 소계 |  |  | 레저(등산·스키) |  |
| 공교육비 | 등록금 |  |  | 레저장비 |  |
|  | 수학여행·소풍 |  |  |  |  |
|  | 교재·기자재 |  |  | 기타 |  |
|  |  |  |  | 소계 |  |
|  | 기타 |  | 기타 | 기타 |  |
|  | 소계 |  |  | 소계 |  |

- 각 항목의 연평균 금액을 기록한다.
- 자동차세(6월, 12월)는 보통 2회 납입하므로 두 번의 합계 금액을 기록한다.
- 수시지출에서와 마찬가지로 정확해야 한다는 부담을 버리고 흐름을 파악한다는 생각으로 대략의 금액을 기록한다.
- 부부의 옷은 사지 않더라도 자녀 옷은 계절이 바뀔 때마다 한두 벌씩은 사주게 된다. 한 번 옷을 사러 가서 보통 얼마 정도 쓰는지 생각해보면 의류비 연평균 금액을 기록할 수 있다. 신발·액세서리 구입비를 따로 파악하기 힘들다면 의류비에 포함해서 생각해보자.
- 사교육비는 방학 때만 다니는 학원이나 캠프 등이 있는지 생각해보자.
- 경조사는 1년에 몇 번 정도 참석하는가? 한 번 갔을 때 얼마 정도 지출하는가?
- 가족 생일은 배우자와 자녀 생일 외에도 챙겨주는 친인척 생일이 있다면 같이 기록한다.
- 가족여행 항목에는 굳이 먼 곳으로 가는 여행이 아니더라도 자녀와 놀이동산을 다녀오는 비용이라든가 근교에 나들이 가는 비용까지 고려한다.
- 전체 금액을 더하면 연간 변동지출 금액이 되며 이 금액을 12로 나누면 월평균 변동지출 금액이 된다.
- 앞서 작성한 고정지출과 지금의 변동지출 월평균 금액이 우리 가정의 월평균 지출 금액이다.

## 가계 현금흐름표를 작성한다

앞서 기록한 것들을 '가계 현금흐름표'라는 하나의 표에 정리해보자. 월평균 수입과 지출을 한눈에 알 수 있다. 고정적인 수입과 특별한 달에 추가되는 수입 그리고 고정적으로 지출되는 금액과 수시로 지출되는 금액을 일목요연하게 볼 수 있어 지출 계획을 세우는 데 큰 도움이 된다.

〈가계 현금흐름표〉

| 수입(월) | | 고정지출(월) | |
|---|---|---|---|
| 본인 근로소득 | | 주거생활비 | |
| 배우자 근로소득 | | 식비 | |
| 사업소득 | | 외식비 | |
| 임대소득 | | 교통비 | |
| 금융소득 | | 통신비 | |
| 연금소득 | | 의료비 | |
| 보조금 | | 문화생활비 | |
| 기타 | | 육아비 | |
| 소계 | | (공)교육비 | |
| 변동수입(연) | | (사)교육비 | |
| | | 용돈 | |
| 인센티브 | | 교제비 | |
| 스톡옵션 | | 공공보험 지역가입자 | |
| 상여금 | | 각종 할부 | |
| 퇴직금 | | 대출금 | |
| 보조금 | | 보험료 | |
| 기타 | | 저축 · 투자 | |
| 소계(월 환산) | | 고정지출 계 | |
| | | 변동지출(연) | |
| | | 교통비(자동차) | |
| | | 의료비 | |
| | | 의류 · 피복비 | |
| | | 미용 | |
| | | 생활용품 | |
| | | 공교육비 | |
| | | 사교육비 | |
| | | 세금 | |
| | | 경조사(본인 · 지인) | |
| | | 취미 · 여행 · 기타 | |
| | | 변동지출(월) 환산 | |
| 합계 | | 총계(고정+변동) | |
| | | 저축 가능 금액 | |

## 고정지출을 통제하고 변동지출을 계획하라

현금흐름상 마이너스를 없애는 것이 가장 중요하다. 그러려면 고정지출 금액을 조정해야 한다. 변동지출 금액을 고려하면 고정지출은 소득의 80퍼센트 이내로 조정하는 것이 적절하다.

가정마다 조금씩 다르지만 공통적인 것 중 대부분이 쉽게 간과하고 새나가도록 방치하는 돈이 주거관리비다. 편리하다는 생각에 전자제품을 많이 사용하고 있고, 그 때문에 전기요금이 많이 나간다. 사실 전기요금은 누진이다. 관리하면 줄이기 쉬운 항목인 반면 관리하지 않으면 적지 않은 돈이 새나간다. 예를 들어 같은 평형대에 사는 두 가정인데, 한쪽은 관리를 잘해서 1만 원대를 지출하는 한편 다른 가정은 관리가 안 되고 무작정 쓰기 때문에 10만 원이 넘게 나오는 걸 봤다. 매월 8만 원 이상 차이 나는 것이다. 1년으로 치면 90만 원 돈이다. 이 정도면 여행자금을 좀 더 여유 있게 쓸 수 있을 것이다. 약간의 노력으로 큰돈을 아낄 수 있다는 얘기다.

그 외에도 장을 보는 방식에 따라 식비가 크게 달라지고, 외식도 원칙 없이 해서는 푼돈 지출만 늘어날 뿐 외식 자체의 만족도는 떨어진다. 통신비나 보험료도 마찬가지다. 현재 지출내용을 전반적으로 적어보면서 과연 적정 수준으로 지출하는지 평가해야 한다.

이런 식으로 고정지출을 줄이면 실제 내역별로는 조금씩 줄이는 것이지만 전체 합산하면 굉장히 큰돈이 줄어드는 효과가 있다. 지출항목을 적어보면 느끼겠지만, 항목 자체가 워낙 많다 보니 각각 1만 원씩만 줄여도 몇십만 원을 줄이는 효과가 있다.

흔히 5월 정도만 변동지출이 많다고 생각한다. 어린이날과 어버이날, 스승의 날 등 이벤트가 몰려 있다는 생각 때문일 것이다. 하지만 앞서 파악한 것처럼 변동지출은 거의 매월 발생한다.

4인 가족 기준으로 알뜰하게 쓴다 싶은 가정도 연간 변동지출로만 매월 환산금액이 50만 원가량 나온다. 정해진 행사 외에도 가족의 옷이나 건강식품 구입, 제사나 부모님 생신, 가전제품이나 가구 교체비용 등을 고려할 때 매월 50만 원 범위 내에서 변동지출을 감당하기도 쉽지 않은 일이다. 특히 대가족이거나 형제자매가 많은 경우는 변동지출이 더 많을 수밖에 없다.

그리고 맞벌이 부부일 때는 변동지출이 더 많다. 일단 부부 모두 바쁘다 보니 돈을 체계적으로 관리하지 못할 뿐 아니라 양쪽이 모두 돈을 벌기에 가족 행사나 부모님 관련 지출에서 다른 형제에 비해 더 많은 돈을 쓰게 된다. 맞벌이 부부 스스로 돈을 많이 번다는 생각에 인심이 후해지는 면도 있고 또 주변 지인들도 둘이 버니까 많이 써도 된다는 의식이 있어서다. 그런데 한두 번 그러는 건 괜찮지만 맞벌이 부부에게 지출이 반복적으로 집중되면 문제가 생긴다. 많이 번 것 같지만 돈이 모이지 않는 상황이 되는 것이다.

그래서 가족이 많을수록, 맞벌이를 할수록 변동지출을 더 꼼꼼히 관리해야 한다. 새해가 시작될 때마다 하면 좋고, 지금부터라도 변동지출에 대한 계획을 수립해야 한다.

연간 행사를 전체적으로 기록한 다음 각 행사에서 부담할 금액을 줄이거나 미룰 수 있는지 판단한다. 예를 들어 자동차를 교체할 계획인데 다른 계획들을 점검하여 무리인지 아닌지 따져보고 교체 시기를 연장한다거나 가족여행을 성수기 때가 아닌 비수기 주말여행으로 교체할 것인지를 점검한다거나 의류비 절감 방안을 생각해본다거나 하는 등이다.

이렇게 다소 빠듯하고 보수적으로 예산을 수립하는 과정이 필요하다. 더불어 모든 항목에 너무 빠듯하게 썼다면 하나 정도는 다소 후하게 쓰는 목표를 정하는 것도 나쁘지 않다. 예를 들면 성수기 휴가여행을 포기한 대신 비수기 때 좀 더 좋은 곳으로 여행지를 정해 여유 있게 예산을 짜는 식이다. 중요한 것은 미리 예측하고, 계획하고, 예산을 수립한다는 것이다.

**흑자생활**의 **법칙**

초판 1쇄 발행 2013년 6월 5일  초판 4쇄 발행 2014년 1월 22일

**지은이** 박종호
**펴낸이** 연준혁

**출판 2분사 분사장** 이부연
**2부서 편집장** 박경순
**책임편집** 박경순
**디자인** 이세호
**제작** 이재승

**펴낸곳** (주)위즈덤하우스  **출판등록** 2000년 5월 23일 제13-1071호
**주소** (410-380) 경기도 고양시 일산동구 정발산로 43-20 센트럴프라자 6층
**전화** 031)936-4000  **팩스** 031)903-3893  **홈페이지** www.wisdomhouse.co.kr
**종이** 월드페이퍼  **인쇄·제본** (주)현문  **후가공** 이지앤비

값 13,000원  ISBN 978-89-6086-605-8  13320

* 잘못된 책은 바꿔드립니다.
* 이 책의 전부 또는 일부 내용을 재사용하려면 반드시
  사전에 저작권자와 (주)위즈덤하우스의 동의를 받아야 합니다.

국립중앙도서관 출판시도서목록(CIP)

(버는 돈보다 쓰는 돈이 많은 당신을 위한) 흑자생활의 법칙 / 지은이:
박종호. -- 고양 : 위즈덤하우스, 201
  p. ;   cm

ISBN 978-89-6086-605-8 13320 : ₩13000

자산 관리[資産管理]

327.04-KDC5
332.024-DDC21                    CIP2013007059